● 후아유의 꽃자수 소품 ●

프랑스 자수 소품집
Vol.1

| 만든 사람들 |
기획 실용기획부 | **진행** 한윤지 | **집필** 정다운 | **편집·표지 디자인** D.J.I books design studio 원은영

| 책 내용 문의 |
도서 내용에 대해 궁금한 사항이 있으시면
저자의 홈페이지나 아이생각 홈페이지의 게시판을 통해서 해결하실 수 있습니다.

아이생각 홈페이지 www.ithinkbook.co.kr
아이생각 페이스북 www.facebook.com/ithinkbook
디지털북스 카페 cafe.naver.com/digitalbooks1999
디지털북스 이메일 digital@digitalbooks.co.kr
저자 이메일 luckylala@naver.com
저자 블로그 blog.naver.com/luckylala

| 각종 문의 |
영업관련 hi@digitalbooks.co.kr
기획관련 digital@digitalbooks.co.kr
전화번호 (02) 447-3157~8

※ 잘못된 책은 구입하신 서점에서 교환해 드립니다.
※ 이 책의 일부 혹은 전체 내용에 대한 무단 복사, 복제, 전재는 저작권법에 저촉됩니다.
※ **디지털북스**가 창립 20주년을 맞아 현대적인 감각의 새로운 로고 **DIGITAL BOOKS**를 선보입니다.
지나온 20년보다 더 나은 앞으로의 20년을 기대합니다.
※ **i THINK** 은 **DIGITAL BOOKS** 의 취미·실용분야 브랜드입니다.

● 후아유의 꽃자수 소품 ●

프랑스 자수 소품집
Vol.1

| 정다운 저 |

프롤로그

나 홀로 조용히 차를 즐길 때면
곁에는 언제나 자수가 함께 있습니다.

언제든 살갑게 나를 맞아주고, 언제든 나를 위로해주는 자수.

여행 중에 마주 친 유럽 어느 마을.
작은 벼룩시장에서 본 프랑스 자수에 마음을 빼앗겼어요.
그 후 자수와 사랑에 빠져 참 열심히도 작품을 만들었습니다.

작은 창가 옆, 가지런히 놓인 책 사이, 식탁 위에도.
집안 곳곳 눈을 돌릴 때마다 그 자리에 "나의 자수"가 있어 마음이 편안해집니다.

자수에는 마음이 담깁니다.

성나고 급한 마음일 때 자수를 놓으면 어김없이 삐뚤빼뚤,
고운 마음일 때 자수를 놓으면 땀도 꼼꼼하고 고르게 됩니다.

간결하고 단정하게 시간의 흔적을 남기는 게 자수일까요.

새가 날고, 꽃이 피는 풍경을 손으로 만들어가는 즐거움을
이 책을 접하는 모든 분들이 느낄 수 있다면 참 좋겠습니다.

후아유네 프랑스 자수
정다운

CONTENTS

프롤로그 / 007

1 자수 기본 재료와 도구 / 010

한 땀, 한 땀, 예쁜 자수 작품을 만들기 위해 꼭 갖춰야할 재료와 도구는 어떤게 있을까요?

2 사랑스러운 자수 작품 만들기 / 016

예쁘고 실용적인 프랑스 자수 소품을 내 손으로 직접 만들면서 일상에 윤기를 더하세요.

장미 손거울
● 018

리본 자수 브로치
● 034

크리스마스 오너먼트
● 044

꽃다발 액자
056

꽃사슴 에코백
080

테이블 웨어
088

핀쿠션
096

동백꽃 자석
110

PART 01

자수 기본 재료와 도구

CHAPTER 01

자수 기본 재료와 도구

한 땀, 한 땀, 예쁜 자수 작품을 만들기 위해 꼭 갖춰야할 재료와 도구는 어떤게 있을까요?

❶ **수틀** ── 자수틀은 수를 놓을 때 천을 평평하게 만들어 줍니다. 자수틀의 사이즈는 지름 10cm, 12cm, 15cm 등 다양하니, 손에 알맞은 사이즈를 선택해 사용하면 됩니다. 본서에서는 주로 10cm의 작은 수틀을 사용하였어요.

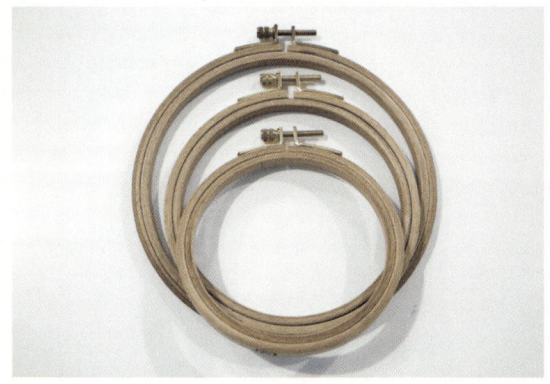

▲ 자수틀

▲ 액자용 수틀

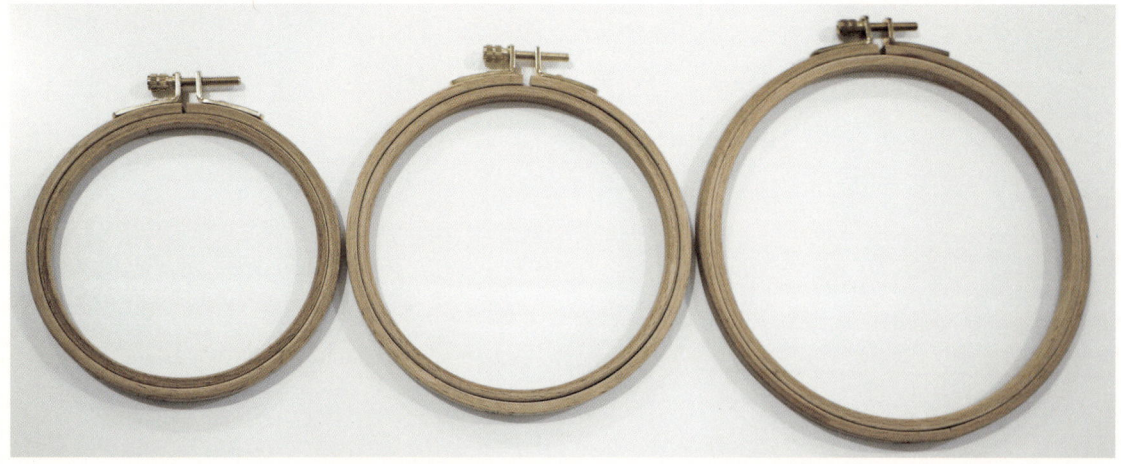

> **TIP** 액자용 수틀로 판매되는 수틀의 경우, 위쪽에 고리가 달려있어 작품을 수놓은 후에 곧바로 벽에 걸어 장식할 수도 있답니다.

❷ **자수실** —— 프랑스 자수에서는 DMC 25번사, DMC 5번사, 그러데이션사, 울사 등을 사용합니다.

실의 종류

DMC 25번사 기본적으로 가장 많이 사용하는 자수실입니다. DMC사에서 생산하는 25번 면사이기 때문에 이런 이름이 붙었습니다. 6가닥으로 되어있어서 사용할 만큼 길이를 자른 후 필요한 가닥을 분리해서 사용합니다.

DMC 5번사 DMC사에서 생산하는 5번사입니다. 가닥이 분리되지 않아서 한 가닥을 그대로 사용해요. 입체감 있는 표현에 좋은 실입니다.

그러데이션사 같은 톤의 색감을 모아 만든 그러데이션사는 자수를 놓을 때 실 색을 바꾸지 않고도 자연스러운 색깔 변화를 보여줄 수 있어요. 하나의 꽃을 수놓을 때 사용해보면 아주 재미있는 꽃잎 표현이 가능하답니다.

울사 애플톤 울사는 털실처럼 보송한 질감을 가지고 있습니다. 털실의 따듯한 느낌을 표현하고자 할 때 사용하면 좋습니다.

 후아유의 꽃자수 소품

❸ **바늘** —— 자수바늘은 실의 가닥수에 맞춰 사용하기 때문에 3~9호까지 함께 들어있는 세트를 사용하는 게 좋습니다. 바늘귀가 커질수록 숫자는 작아집니다. 가장 많이 사용하는 건 7호 바늘이고 2~3가닥 정도로 수를 놓을 때 사용합니다. 리본바늘은 리본자수를 할 때 사용합니다. 일반 자수용 바늘에 비해 바늘귀가 넓은 특징을 가지고 있어요.

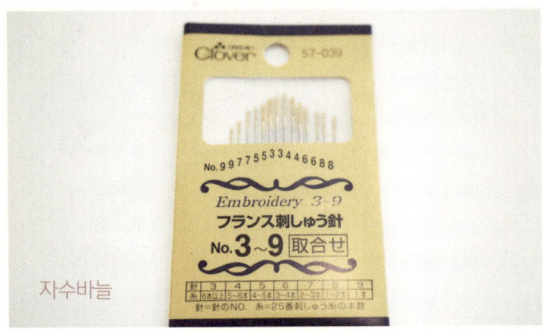
자수바늘

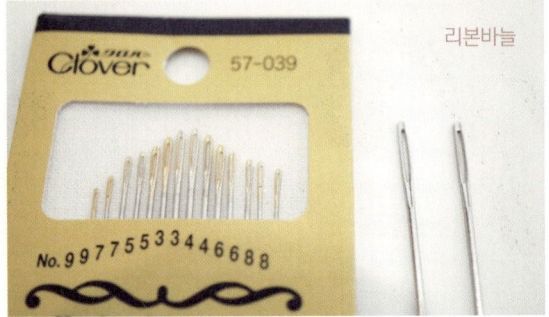
리본바늘

❹ **가위 & 모양자** —— 가위는 실을 자르고 재단할 때 사용합니다. 실을 자를 때는 작은 쪽가위를 사용하고, 천을 재단할 때는 커다란 재단용 가위를 따로 사용하는 게 좋습니다. 모양자는 도안을 그릴 때 사용합니다. 특히 자수에서는 꽃을 원으로 그려놓는 경우가 많기 때문에 다양한 크기의 원이 있는 모양자를 구비해두면 도움이 되어요.

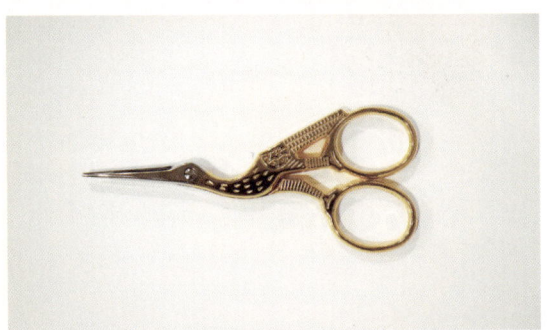

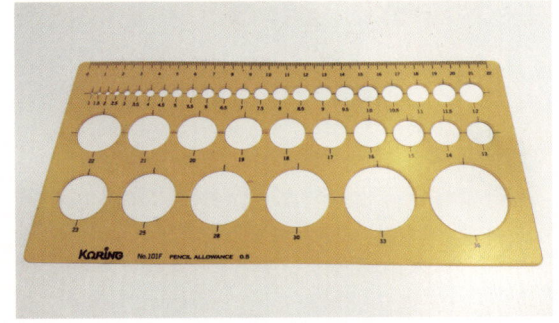

❺ **먹지** —— 먹지는 패브릭에 도안을 옮길 때 사용합니다. 패브릭-먹지-도안을 순서대로 놓은 후, 도트펜이나 심이 가는 펜으로 도안을 따라 그대로 옮겨줍니다.

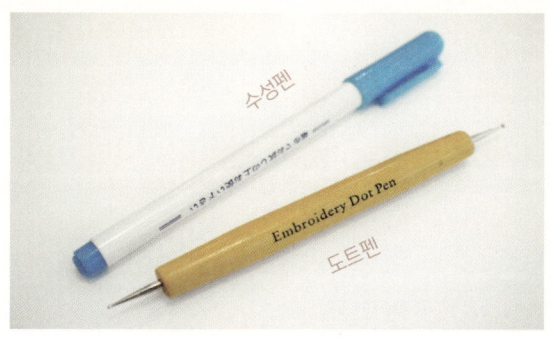

❻ **수성펜, 도트펜** —— 수성펜은 천에 그림을 그릴 때 사용하거나, 먹지를 사용했을 때 잘 보이지 않는 부분을 수정할 때 사용합니다. 물이 닿으면 색이 사라지므로 잘못 그려도 바로 지울 수 있어요. 도트펜은 천에 먹지를 대고 도안을 따라 그릴 때 사용합니다. 도트펜이 없다면 심이 가는 볼펜으로 대체할 수 있어요.

❼ **패브릭(천)** —— 패브릭은 광목이나, 면, 린넨 등이 수놓기에 적당합니다. 수가 높을수록 원단의 땀이 작아지므로 사용하려는 용도에 맞는 패브릭을 선택하는 것이 좋습니다.

❽ **무지 에코백, 무지 파우치 등등** —— 간단한 소품을 만들기 위해 에코백, 동전지갑, 파우치, 손수건 등 무지로 된 반제품 재료들도 준비해두면 좋습니다. 손수건의 경우 저자가 자체 제작한 손수건을 사용하였습니다.

PART 02

사랑스러운 자수 작품 만들기

스르륵,

바늘이 춤추는 소리에 맞추어
꽃이 핍니다.

사랑스런 장미꽃을 보며 절로 떠오른 미소,
오늘, 거울 속 내 모습이 더욱 아름답네요.

장미 손거울
ROSE HAND MIRROR

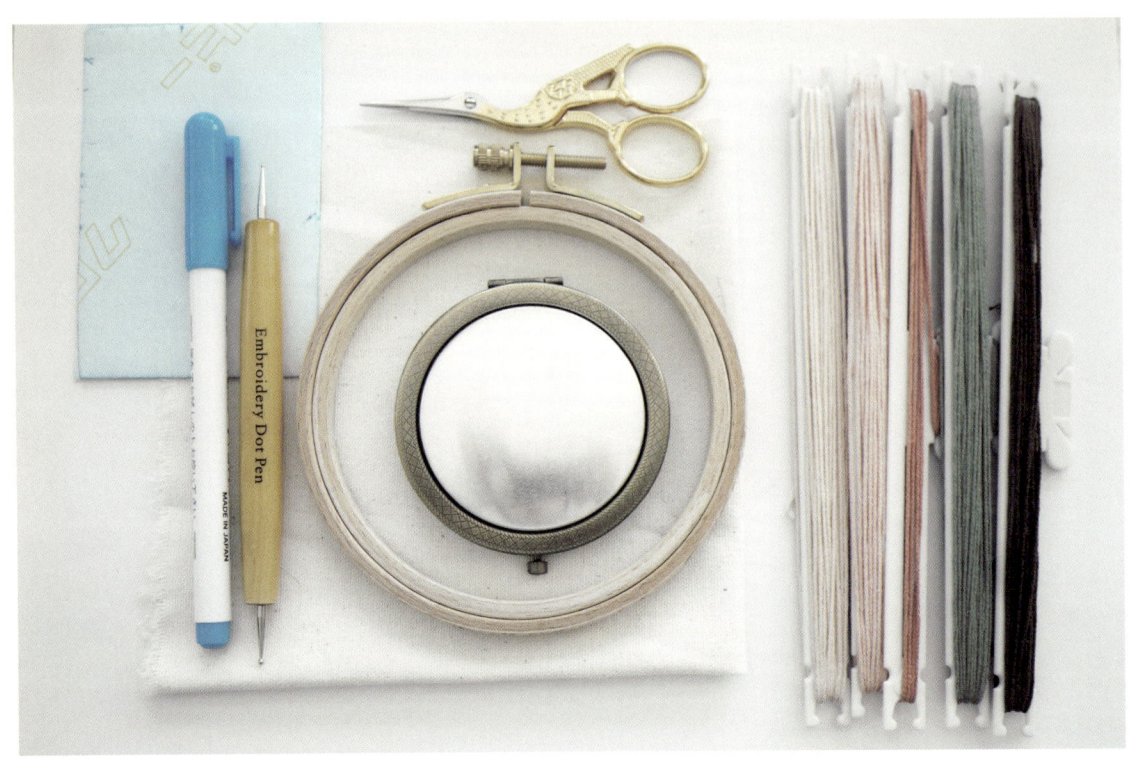

― 준비물 ―

도안 사이즈　38 X 40mm　　**작품 사이즈**　70 X 70mm　　**수틀**　10cm　　**원단**　광목

사용한 스티치　플라이 스티치, 레이지 데이지 스티치, 프렌치넛 스티치, 아웃라인 스티치, 블링온링 스티치, 블리온 스티치, 페더 스티치

자수실(DMC 25번 사)　3022, 3774, 3778, 3779, 3882　　**바늘**　3~9호

기타 재료　먹지, 수성펜, 도안용 도트펜

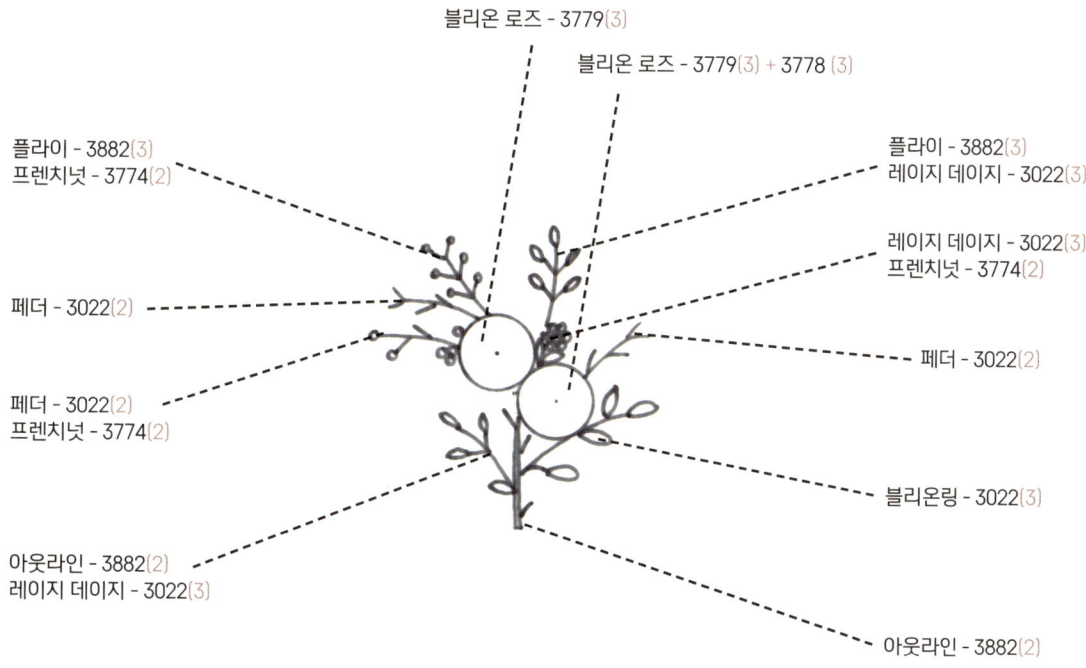

TIP 하나의 스티치에 두 가지 이상의 색상을 사용한 경우, + 표기 하였습니다.

후아유의 꽃자수 소품

❶ 플라이 스티치

가지를 표현하기 위해서 플라이 스티치를 사용합니다

실 번호   3882(2)   바늘   7호

―――――――――――― 과정샷 ――――――――――――

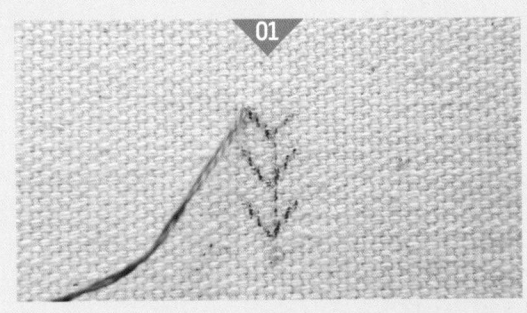

천 뒤쪽에서 바늘을 찔러 앞으로 빼낸 후 첫 땀을 시작합니다.

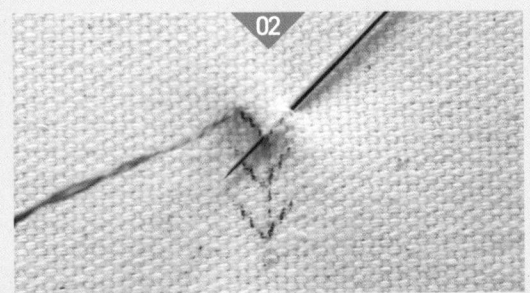

대칭 되는 반대쪽 가지에서 중앙을 향해 바늘 끝을 뺍니다.

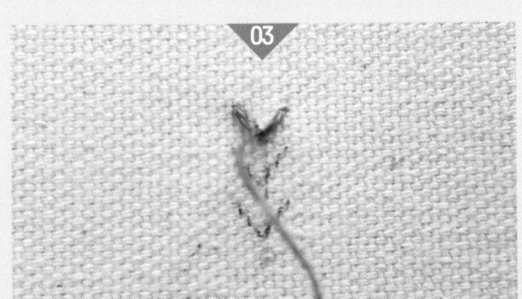

중앙라인을 연결한 후 다시 Y자 모양의 플라이스티치를 연결합니다.

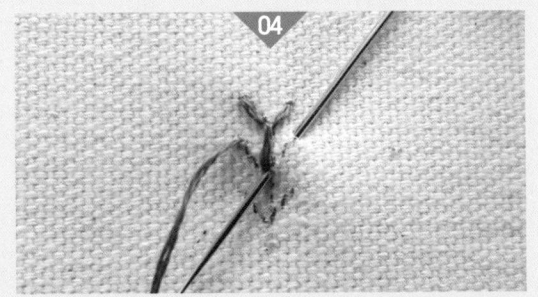

위에서 아래 방향으로 스티치를 계속 수놓아 주세요.

한 땀을 길게 꽂아 Y자 형태를 만들고 마무리합니다.

❷ 레이지 데이지 스티치

레이지 데이지 스티치를 이용해서 꽃잎이나 다양한 잎사귀 등을 표현할 수 있어요.

실 번호 3022(3)　**바늘** 7호

――――――――――――― 과정샷 ―――――――――――――

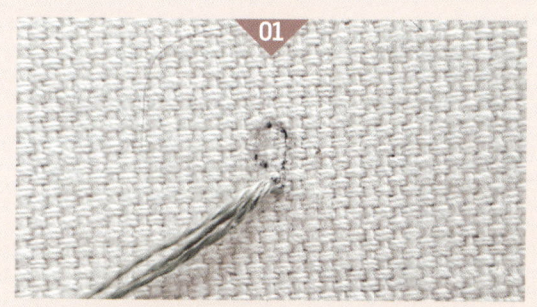

도안에 그린 꽃잎의 아래 부분에서 첫 땀을 시작합니다. 천의 뒤에서 앞쪽으로 바늘을 찔러 시작하세요.

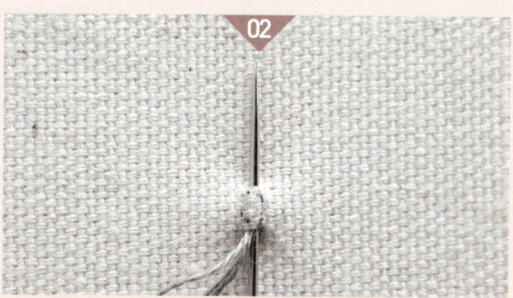

바늘을 꽃잎 아래 같은 자리에 그대로 넣고, 꽃잎 모양의 꼭대기 부분까지 한 번에 천을 떠줍니다.

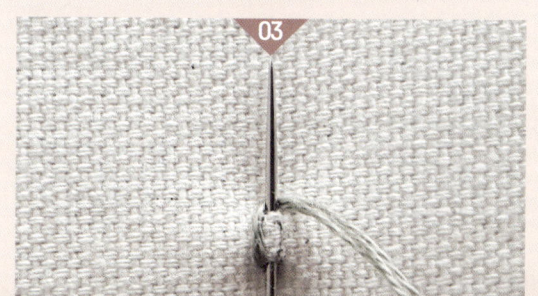

바늘을 뽑기 전 실을 바늘 위쪽으로 돌려 감싸줍니다.

바늘을 위로 꽂아 둥근 꽃잎이 만들어지면 바깥쪽에 바늘을 넣어 마무리합니다.

꽃잎 바로 위쪽으로 바늘을 꽂으면 둥근 꽃잎이, 조금 간격을 두어 바늘을 꽂으면 뾰족한 꽃잎이 만들어집니다.

> **TIP**　3번 과정을 거칠 때는 바늘을 기준으로 하여 실이 바늘의 왼쪽에 있을 때는 실을 오른쪽으로 돌려주고, 실이 바늘의 오른쪽에 있을 때는 왼쪽방향으로 돌려주어야 실의 꼬임이 없이 예쁜 꽃잎이 완성됩니다.

③ 프렌치넛 스티치

프렌치넛 스티치는 동글동글한 꽃망울이나, 씨앗 등을 표현하기에 좋은 스티치입니다.

실 번호 3774(2) **바늘** 7호

― 과정샷 ―

천 뒤쪽에서 바늘을 빼 시작합니다.

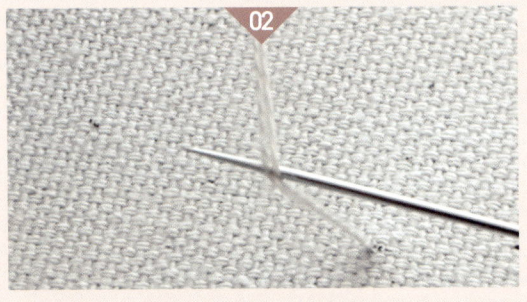

실을 잡고 실 위쪽에 바늘을 놓아주세요.

잡은 실로 바늘을 두 번 휘감아줍니다.

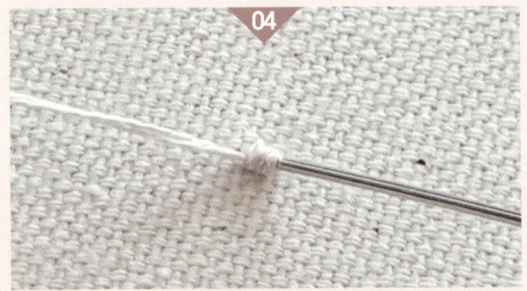

처음 나왔던 구멍으로 바늘을 다시 집어넣습니다. 이때 바늘은 뒤로 뺄 때까지 남은 실을 팽팽하게 잡고 있어야 합니다.

완성된 프렌치넛 스티치

> **TIP** 실로 바늘을 휘감을 때는 3회를 넘기지 않아야 균형 잡힌 동그란 프렌치넛이 만들어진답니다. 높이가 높아지면 스티치 부분이 기울어져 모양이 흐트러질 수 있어요. 좀 더 도톰하게 만들고 싶을 때는 실의 가닥수를 늘려보세요.

❹ 아웃라인 스티치

일반적으로 선을 만들고자 할때 아웃라인 스티치를 사용합니다. 선을 모아 면을 채울 수도 있어요.

실 번호 3882(2) **바늘** 7호

――――――――― 과정샷 ―――――――――

바늘을 ❶-❷-❸ 순으로 떠서 선을 만들어 주세요. ❶로 바늘이 나와 ❸의 위치로 넣을 때 ❶과 ❸은 같은 바늘구멍입니다.

남은 실은 꼭 아래로 위치시킨 후 스티치를 이어나가야 선의 굴곡이 없는 스티치가 됩니다.

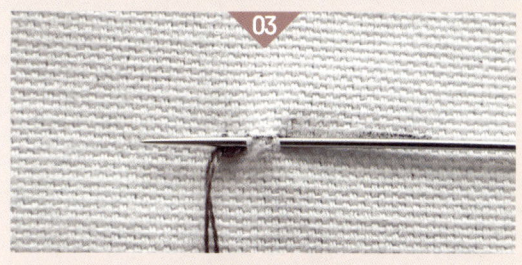

땀의 길이는 3~5mm 정도가 적당해요.

마지막 땀에서는 처음 시작했던 지점으로 바늘을 넣어 마무리해주세요.

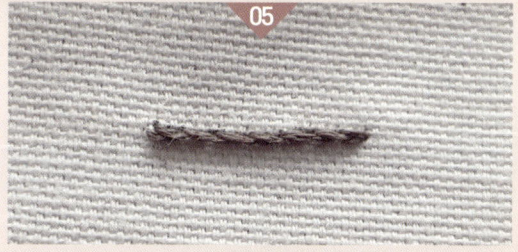

아웃라인 스티치 완성. 완성된 선 아래로 같은 아웃라인 스티치들을 바짝 붙여서 면을 채울 수도 있어요.

> **TIP** 아웃라인스티치에서는 남은 실이 한 번 아래로 향했으면 한 라인의 스티치가 끝날 때까지 아래로, 위로 향했을 때는 끝날 때까지 위로 유지해야 반듯한 라인이 만들어져요.

⑤ 블리온링 스티치

블리온링 스티치를 사용하면 보다 입체적인 잎사귀 표현이 가능합니다.

실 번호 3022(3)   **바늘** 3호

---------- 과정샷 ----------

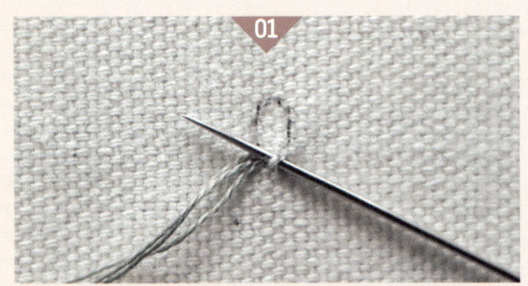

도안에 그려둔 링의 아래 부분에서 땀을 시작합니다. 천 뒤편에서 바늘을 통해 시작하세요. 시작점과 최대한 가깝게 천을 바늘로 가볍게 떠줍니다. 이때 바늘 끝은 처음 바늘이 나온 곳과 같은 곳에서 나오도록 해줍니다.

실을 바늘에 감아줍니다. 원하는 길이만큼 차곡차곡 감아주세요.(약 24번)

감싼 부분을 한 손으로 잡고 흐트러지지 않게 바늘을 위로 빼줍니다.

감싸진 부분의 끝이 처음 부분과 만나도록 끝까지 당겨 링 모양을 만들어줍니다.

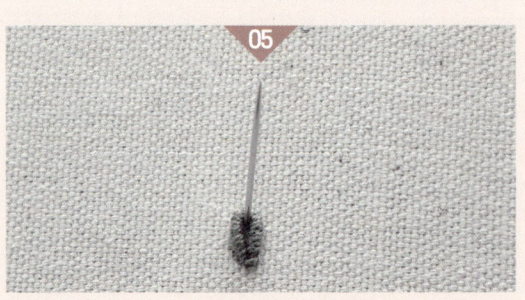

만들어진 링의 안쪽에서 바늘을 뺀 후,

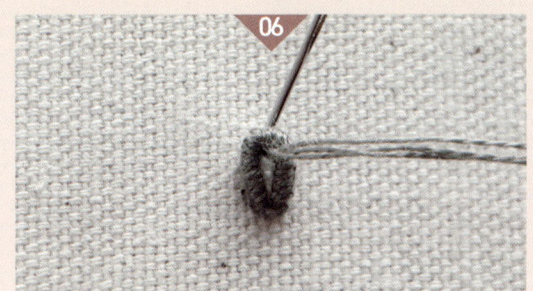 

링의 위쪽에 바늘을 넣어 마무리를 지어줍니다.   완성된 블리온링 스티치

6 블리온 로즈 스티치

중심에서부터 겹겹이 둘러가며 장미꽃을 표현하고 싶을 때는 블리온 로즈 스티치를 이용할 수 있습니다.

실 번호 3778(3), 3779(3) **바늘** 3호

---------- 과정샷 ----------

중심점을 기준으로 하여 위에서 먼저 바늘을 찌른 후, 아래쪽에서 다시 한 번 바늘을 찔러줍니다. 이때 바늘 끝은 시작점과 같은 점으로 들어갑니다.

바늘을 뽑기 전 실로 바늘을 감싸주세요. 중심선 위아래를 두고 비워둔 공간의 길이만큼 실을 감아줍니다.

감싸진 부분을 한 손으로 잡아 모양을 유지한 채, 바늘을 뽑고 선의 아랫부분에 바늘을 넣어 뒤로 통과시키세요.

같은 방법으로 나란히 두 개를 만들어 봅니다.

11자 모양이 되도록 두 개의 기둥을 만든다고 생각하고 진행하세요.

이제부터 두 개의 기둥을 기준으로 장미 형태를 만들어줄 차례입니다. 선의 1/2지점에서 바늘을 통과시킨 후, 처음 나온 구멍에 맞추어 다시 바늘 끝이 나오도록 조금만 떠줍니다.(01번 기둥을 만들 때 보다 땀을 작게 떠주세요.)

원하는 길이만큼 또다시 실을 감아 주세요.

11자 형태의 기둥을 돌아가면서 곡선을 만들고 끝점에 바늘을 찔러 넣어 마무리 합니다.

이전 블리온 스티치의 1/2 지점에서 바늘을 통과시키고 계속해서 같은 방법으로 감싸주세요.

바깥쪽으로 갈수록 길이를 조금씩 늘려 자연스러운 장미모양이 되도록 합니다.

TIP 바늘에 실을 감싸 뽑은 후 감싸진 부분을 나사 돌리듯 살살 돌려가며 빼며, 겹쳐지는 부분 없이 차곡차곡 바르게 정리해준 다음 마무리해주세요

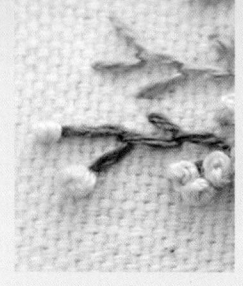

❼ 페더 스티치

플라이 스티치와 모양은 비슷하지만 조금 더 부드러운 형태의 V모양을 만들 수 있는 스티치입니다. 이 파트에서는 페더 스티치를 사용해 나뭇가지를 표현해 주었어요.

실 번호 3774(2)　**바늘** 7호

------- 과정샷 -------

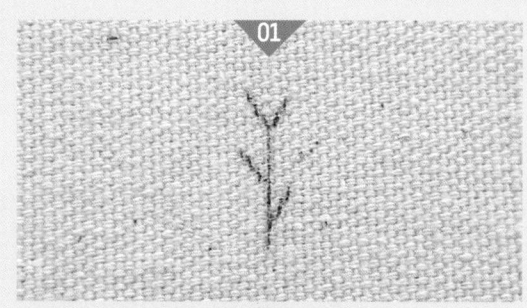

페더 스티치 도안은 플라이 스티치와 다르게 지그재그로 선을 그려주어야 해요.

❶에서 바늘을 빼서 ❷에 꽂고, 다시 ❸으로 나옵니다.

이때 남은 실은 꼭 바늘 밑에 위치시켜야만 V자 모양의 스티치가 제대로 나올 수 있어요.

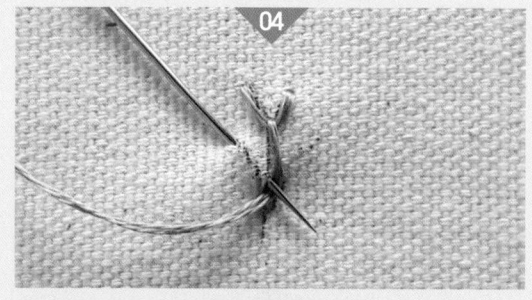

지그재그로 그려진 도안을 따라 왼쪽 가지 위에서 아래쪽 가지를 향해 바늘을 꽂아줍니다. 남은 실이 바늘 밑에 위치해 있는지 반드시 확인하세요.

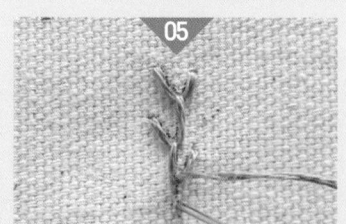

이때 남은 실은 꼭 바늘 밑에 위치시켜야만 V형의 스티치가 제대로 나올 수 있어요.

완성된 페더 스티치

손거울 만들기

준비물   수놓은 패브릭, 손거울 반제품, 순간접착제(or 글루건), 흰색실, 바늘

― 과정샷 ―

수놓은 패브릭의 가운데 손거울 뚜껑을 놓습니다. 그리고 손거울 뚜껑보다 바깥으로 1cm 정도 간격을 두고 원을 그려주세요. 선을 따라 홈질 후에는 천 바깥쪽을 0.5cm 간격으로 둥글게 잘라줍니다.

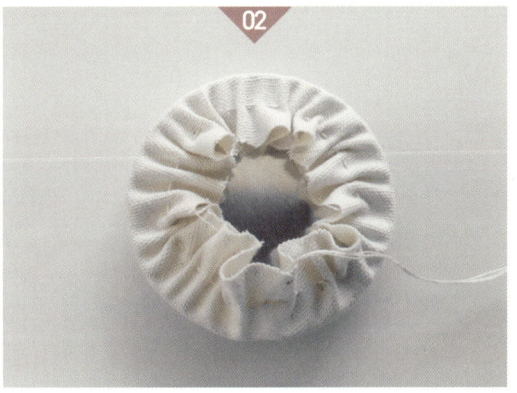

러닝 스티치한 실을 끝까지 당겨 뚜껑을 감싸며 오므려 줍니다.

스티치가 정중앙에 오도록 자리를 잡아주세요.

손거울 반제품에 순간접착제 혹은 글루건을 바른 후 자수로 감싼 뚜껑을 덮어 고정하고 접착제가 마를 때까지 기다려주세요.

혼자만의 시간,

조용히 꼼지락거리며 놓는 자수는 그 자체로 힐링입니다.

사랑스런 색감과 우아한 디자인 덕에

선물용으로도 꼭 맞는 브로치.

자수용 리본을 사용하여 어디에든 잘 어울리는 나만의 브로치를 만들어볼까요?

리본 자수 브로치
RIBBON EMBROIDERY BROOCH

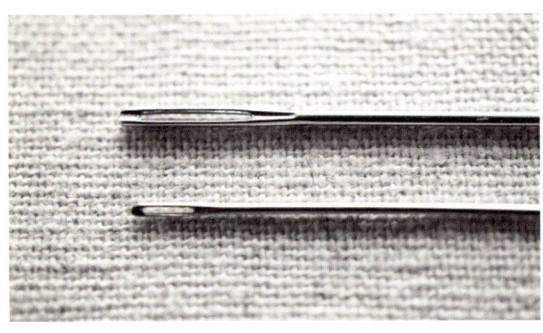

--- 준비물 ---

도안 사이즈　18 X 20mm　　**작품 사이즈**　35 X 45mm　　**수틀**　10cm　　**원단**　린넨

사용한 스티치　스파이더웹 스티치, 레이지 데이지 스티치

자수실(DMC 25번 사)　Blanc or 225　　**자수용 리본**(7m)　112, 162, 005, 072, 073　　**바늘**　리본자수용바늘, 7호

기타 재료　먹지, 수성펜, 도안용 도트펜

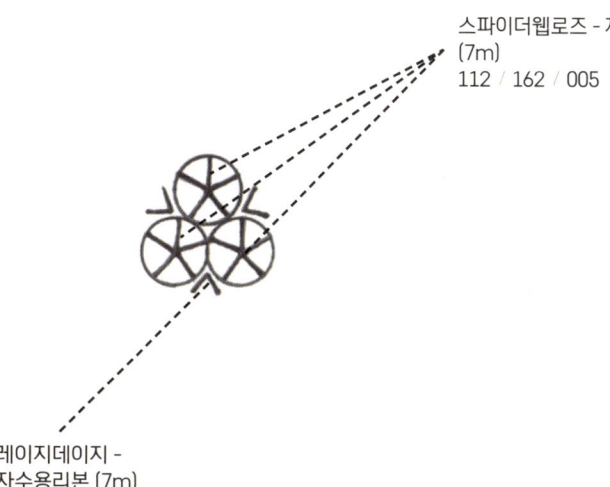

스파이더웹로즈 - 자수용리본
(7m)
112 / 162 / 005

레이지데이지 -
자수용리본 (7m)
072 / 073

❶ 스파이더웹로즈 스티치 ; 기둥 만들기

Blanc(or 225) 자수실 2가닥으로 리본을 감쌀 기둥 7개를 먼저 만들어야 해요. 스파이더웹로즈 스티치의 기둥은 항상 홀수가 되어야 합니다.

실 번호 Blanc 또는 225(3)　**바늘** 7호

─────────────── 과정샷 ───────────────

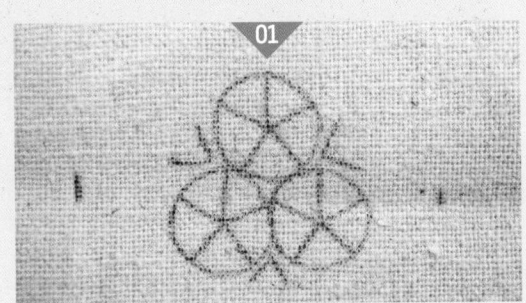

스파이더웹로즈를 위한 도안을 그려줍니다. 이때 안쪽 선은 꼭 홀수로 넣어주세요.

Blanc(or 225) 자수실 2가닥으로 안쪽 선을 수놓습니다. 원의 바깥쪽에서 시작합니다.

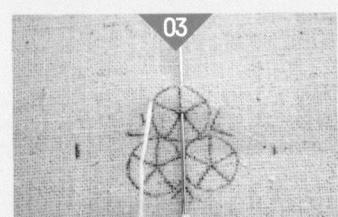

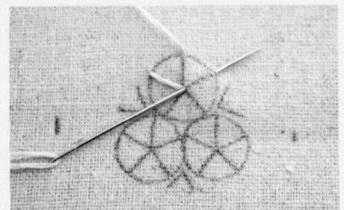

중앙점으로 바늘 끝을 넣은 후 바로 옆 기둥 바깥라인까지 한 번에 연결해주며 안쪽 기둥을 만들어갑니다.

완성된 기둥

❷ 스파이더웹로즈 스티치 ; 꽃잎 만들기

다양한 색상의 리본으로 꽃잎을 만들어 줍니다.

실 번호 리본 112, 리본 162, 리본 005　**바늘** 리본자수용바늘

---------------- 과정샷 ----------------

만들어 둔 기둥 사이로 리본 바늘을 통과시켜주세요. 이때 최대한 중앙 근처에서 시작하고, 뒤에서 앞으로 바늘을 통과시킵니다.

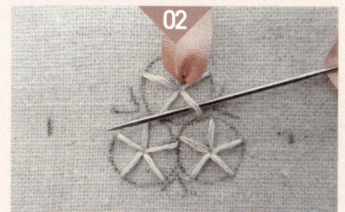

중앙점으로 바늘 끝을 넣은 후 바로 옆 기둥 바깥라인까지 한 번에 연결해주며 안쪽 기둥을 만들어갑니다.

리본은 너무 당기지 말고, 안쪽 실기둥이 보이지 않게 감싼다는 느낌으로 느슨하게 꽃을 만들어줍니다. 시계방향으로 돌려가며 풍성하게 꽃모양을 잡아주고, 바늘을 뒤쪽으로 통과시켜 매듭을 짓습니다.

❸ 레이지 데이지 스티치

여기서는 리본을 이용하여 레이지 데이지 스티치로 잎사귀를 표현해 보겠습니다.

실 번호 리본 072, 리본 073   **바늘** 리본자수용바늘

------- 과정샷 -------

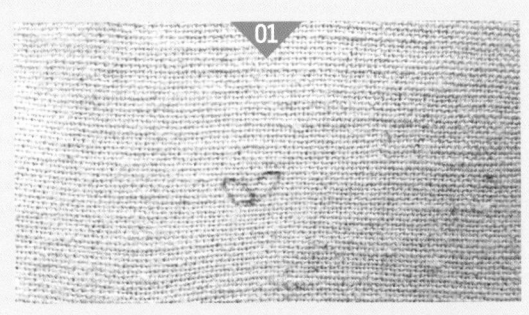

만들고자하는 잎의 아래 부분에서 스티치를 시작합니다.

바늘 끝은 통과했던 점으로 다시 넣어 잎의 꼭짓점을 떠 줍니다.

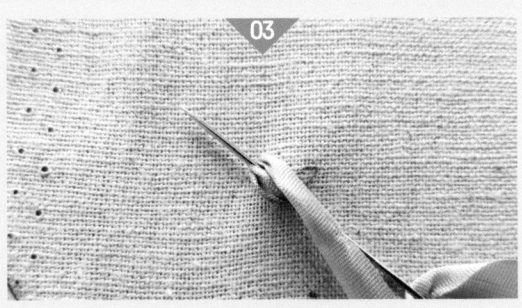

바늘 위쪽으로 리본을 돌려준 후,

리본으로 감싼 바늘을 그대로 위로 빼낸 다음, 꼭짓점의 바깥쪽에 바늘을 다시 넣어 마무리합니다.

브로치 만들기

준비물   수놓은 패브릭, 브로치 반제품(30*40mm), 비즈, 순간접착제(or 글루건)

과정샷

브로치의 크기보다 지름 1cm 정도 더 크게 원을 그려줍니다. 브로치의 크기가 30*40mm이므로 약 50mm 정도 지름을 가진 원을 그려주세요.

원을 따라 러닝스티치를 해주세요. 바늘땀의 간격은 5mm 정도를 유지해주세요.

시작점까지 러닝스티치로 수놓은 후 매듭은 짓지 않고 그대로 바늘만 실에서 분리합니다. 수놓은 원보다 3mm 정도 더 넓게 가위로 패브릭을 잘라주세요.

작은 진주나 비즈 등의 부자재가 있으면 실로 페어 장식을 더합니다.

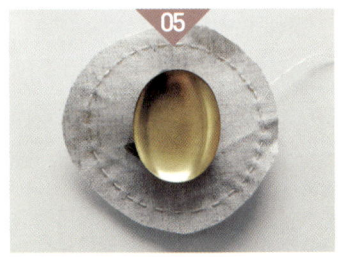

자른 원단 뒷면에 브로치 앞면을 대고 그대로 실을 당겨 오므려줍니다. 이때 수놓은 꽃이 브로치 중앙에 위치하도록 균형을 잡아가며 실을 살살 당겨주세요. 수놓은 꽃이 정중앙에 위치하면 실을 당겨 매듭을 짓고 남은 실을 끊어냅니다.

브로치 판에 순간접착제나 글루건을 바른 후, 윗부분을 그대로 올려 접착제가 마를 때까지 10초간 눌러 완성합니다.

따듯한 느낌의 펠트에 포근한 프랑스 자수를 더하면?

한 땀, 한 땀 정성스레 만든 오너먼트로 트리 장식을 해보세요.
작은 자수 소품 하나만으로도 크리스마스가 더 반짝반짝 빛날 거예요.

크리스마스 오너먼트
CHRISTMAS ORNAMENT

――――――――――― 준비물 ―――――――――――

도안 사이즈　사슴: 60 X 65mm　눈꽃: 53 X 53mm　**작품 사이즈**　80 X 80mm　**수틀**　10cm　**원단**　펠트

사용한 스티치　싱글페더 스티치, 아웃라인 스티치, 레이지 데이지 스티치, 플라이 스티치
자수실(DMC 25번 사)　507, Blanc, 금사　**바늘**　3호

기타 재료　먹지, 수성펜, 도안용 도트펜

TIP　펠트 천이 두꺼우므로 3호 바늘을 사용해서 스티치를 하면 좀더 수월하게 수를 놓을 수 있어요.

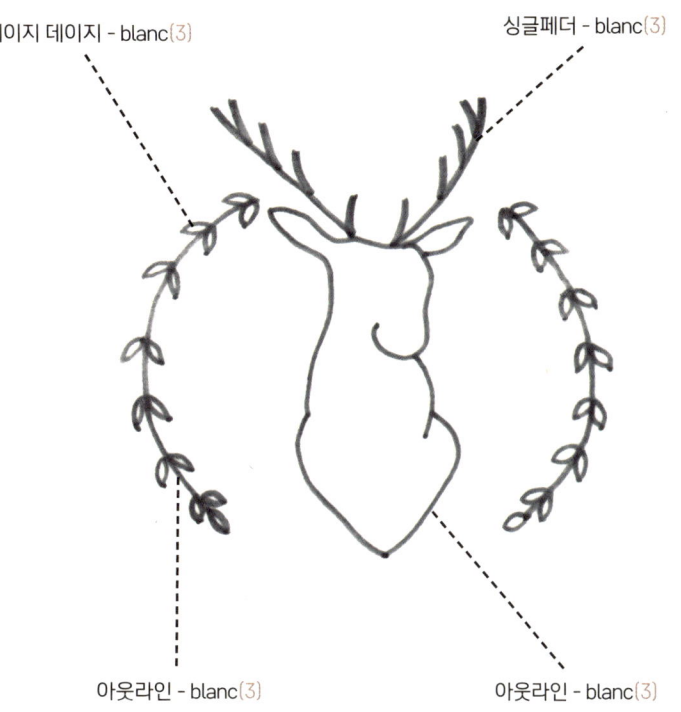

레이지 데이지 - blanc(3) 싱글페더 - blanc(3)

아웃라인 - blanc(3) 아웃라인 - blanc(3)

아웃라인 - blanc(3)

플라이 - blanc(3)

❶ 싱글페더 스티치

싱글페더 스티치를 활용해 사슴의 뿔을 수놓아 볼까요?

실 번호 Blanc(3)   **바늘** 3호

― 과정샷 ―

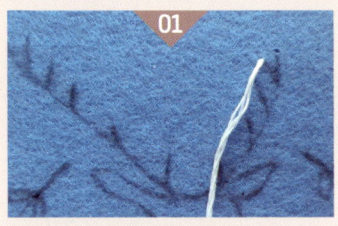
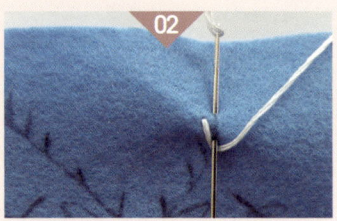
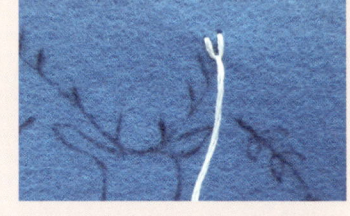

도안의 V모양을 연결해 나가는 스티치로 V의 왼쪽 점에서 시작합니다. 천의 뒤에서 앞으로 바늘을 찔러 시작하세요.

조금 전 찔러 넣은 점의 반대편으로 바늘을 넣고 V의 아래 점까지 통과해 펠트천을 떠준 후, 그대로 뽑아줍니다. 이때 나머지 실은 바늘의 아래쪽에 있어야 V 형태가 만들어집니다.

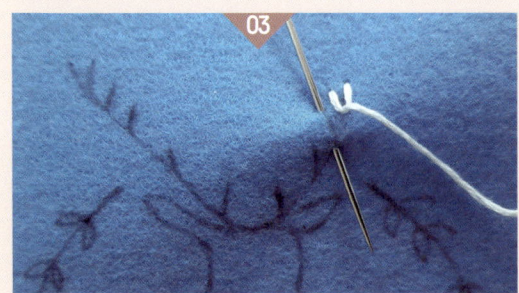
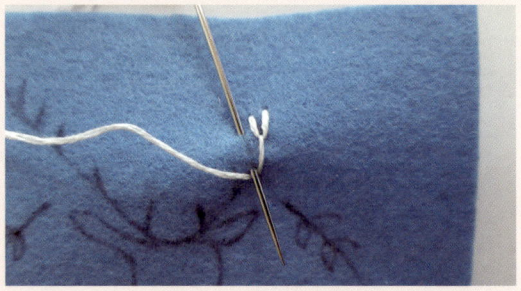

사슴뿔의 다른 V모양도 동일하게 스티치를 진행합니다. 이때 남은 실이 바늘의 아래에 위치해 있는지 반드시 확인하세요.

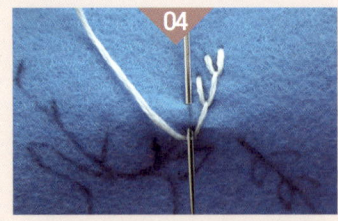
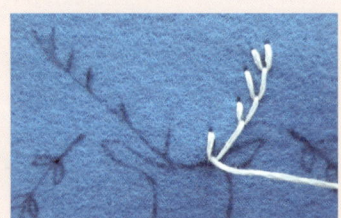

마지막 싱글 페더 스티치의 마무리는 V의 제일 끝 라인 바깥 쪽에 바늘 끝을 넣어 통과시키면 됩니다.

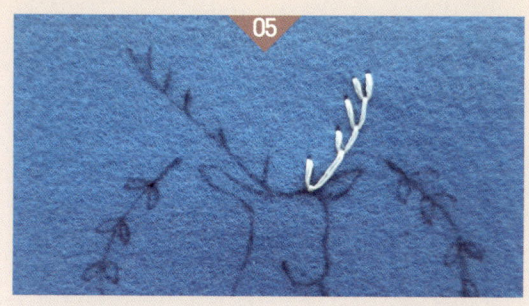 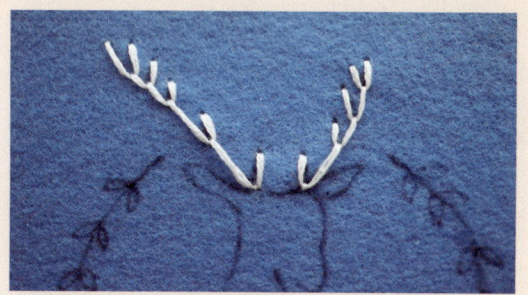

사슴의 양쪽 뿔을 싱글 페더 스티치로 완성해줍니다.

❷ 아웃라인 스티치 ─────○

아웃라인 스티치는 선을 표현하거나 면을 채울 때 주로 사용됩니다. 여기서는 사슴의 얼굴과 몸통, 잎의 줄기를 수놓아 보아요.

실 번호 Blanc(3)   **바늘** 3호

─────────────── 과정샷 ───────────────

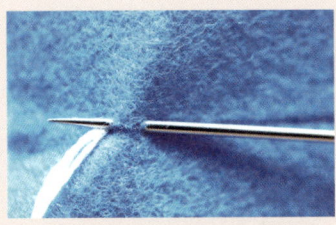

만들고자 하는 라인의 첫 점에서 시작합니다. 바늘은 천 뒤에서 앞으로 통과시켜주세요.

3~5mm 정도의 길이에 바늘을 넣어 첫 점을 떠줍니다. 아웃라인으로 라인을 만들 때는 땀의 길이를 되도록 짧게 해야 더 꼼꼼하고 예쁜 라인을 만들 수 있어요.

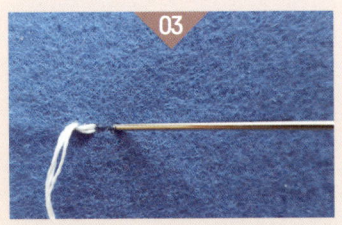
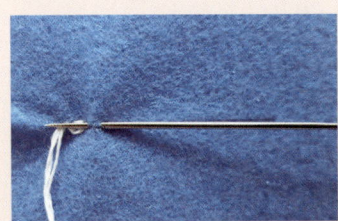
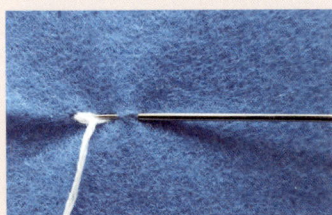

다시 빈자리에서 3~5mm 간격으로 땀을 떠 라인을 연결해갑니다. 이때 남은 실은 하나의 라인이 끝날 때까지 항상 아래(혹은 항상 위) 한 방향을 유지해야 합니다.

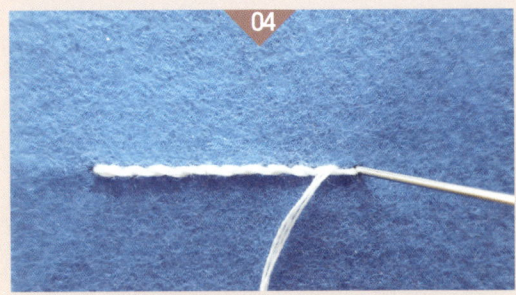

마무리는 마지막 땀의 끝점에 맞추어 바늘을 넣은 후, 뒷면에서 매듭짓고 실을 끊어내세요.

③ 레이지 데이지 스티치

레이지 데이지 스티치는 자수에서 가장 다양하게 활용되는 스티치 중 하나입니다. 여기에서는 레이지 데이지 스티치를 활용하여 사슴 주변을 둘러싸고 있는 잎을 표현해볼 거예요.

실 번호 Blanc(3) **바늘** 3호

--- 과정샷 ---

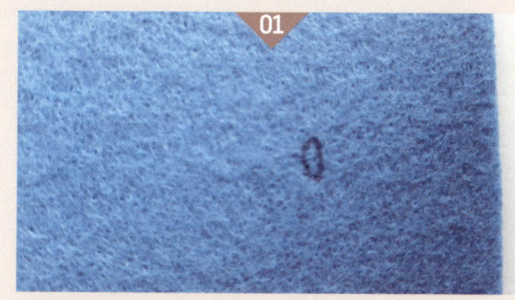

만들고자 하는 잎의 아랫부분에서 첫 땀을 시작해주세요.

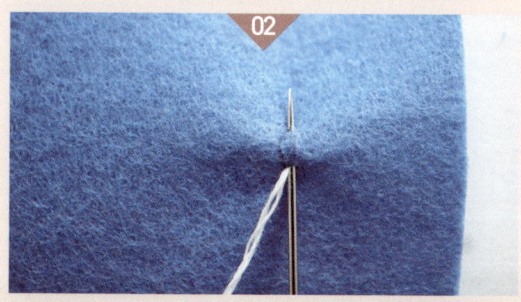

바늘을 잎 바로 아래 그 자리에 다시 넣고, 잎의 꼭대기 부분까지 떠줍니다.

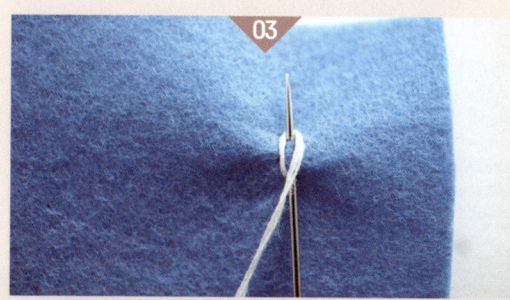

바늘을 뽑기 전 펠트에 붙어있는 실을 바늘 위쪽으로 돌려 감싸줍니다.

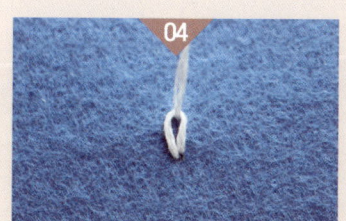

바늘을 위로 뽑아 둥근 꽃잎이 만들어지면 꼭대기의 바깥쪽에 바늘을 넣어 마무리합니다.

후아유의 꽃자수 소품 51

④ 플라이 스티치

플라이 스티치로 눈꽃의 삐죽삐죽한 면을 수놓아 예쁜 눈 결정을 만들어볼까요?

실 번호 Blanc(3)　**바늘** 3호

--- **과정샷** ---

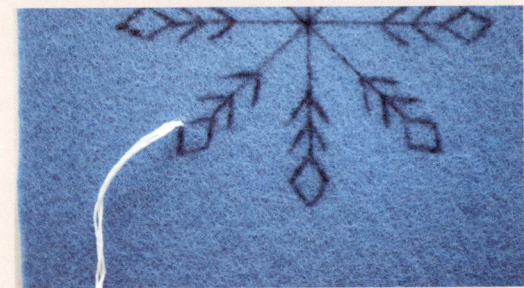

뒤에서 앞으로 바늘을 통과시킵니다.

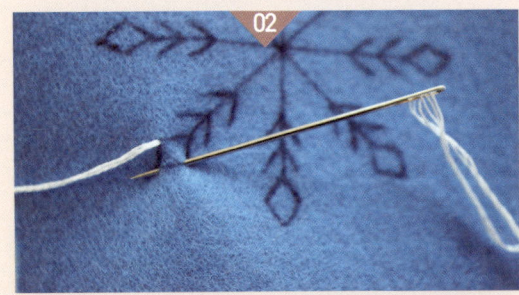
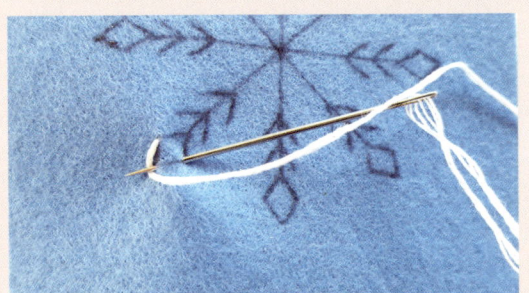

반대편 점으로 바늘을 넣고, 아래 꼭짓점까지 바늘을 떠줍니다. 이때 남은 실은 바늘 아래로 넣어 걸어줍니다.

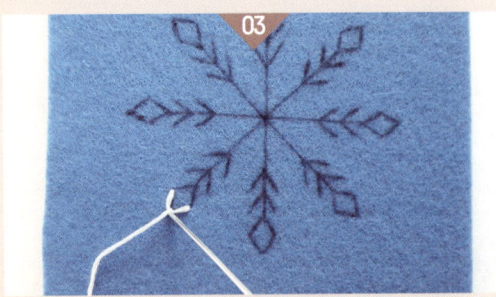

만들어진 V 꼭짓점의 바깥쪽에 바늘을 넣어 마무리합니다.

  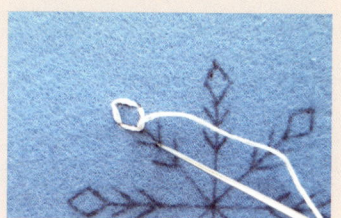

플라이 스티치를 계속 반복해서 눈꽃을 만들어주세요.

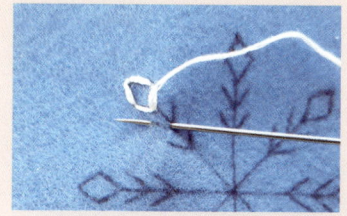 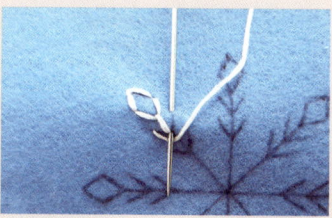 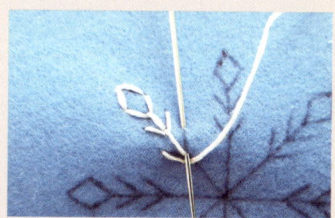

 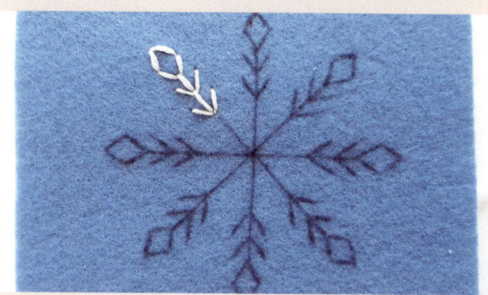

눈꽃의 가운데 부분은 아웃라인 스티치로 수놓습니다.

펠트 오너먼트 만들기

준비물 수놓은 펠트 천(앞면), 펠트 천(뒷면), 방울 솜 등

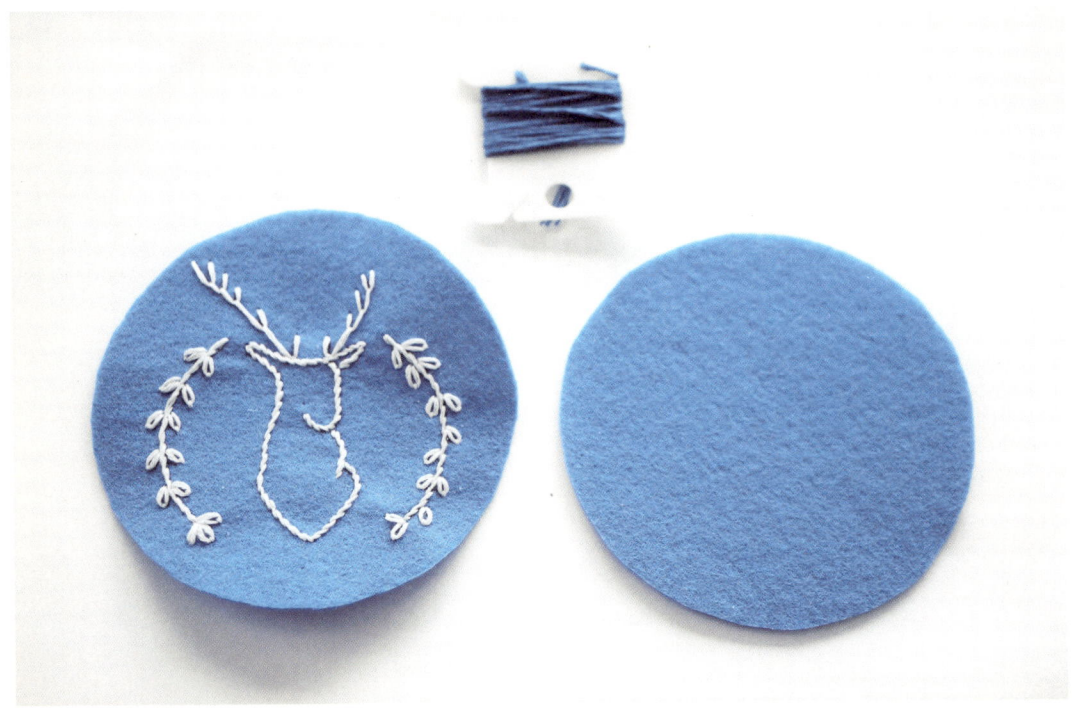

과정샷

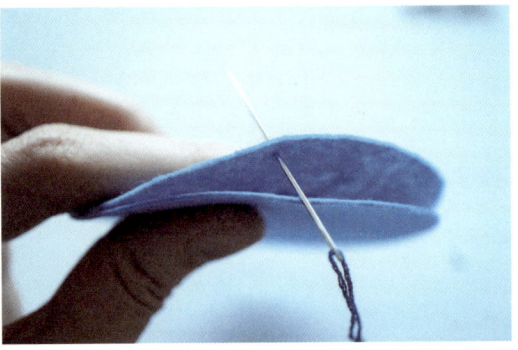

여기에서는 버튼홀 스티치를 활용해서 펠트 앞뒷면을 연결해볼게요. 두 장의 펠트를 포갠 뒤 먼저 윗면에만 바늘을 통과시킵니다.

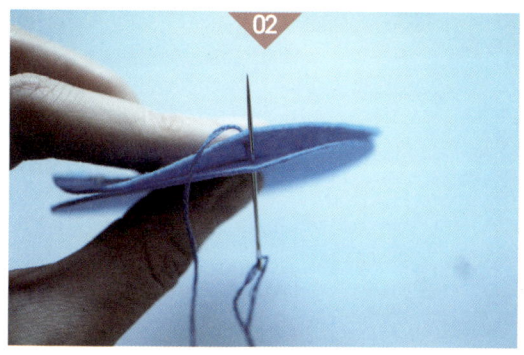 

그 다음 나머지 면에도 바늘을 통과시켜 앞뒷면의 중간으로 바늘을 빼내주세요.

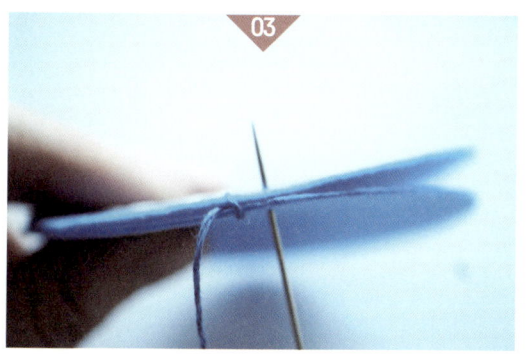 

첫땀 이후로는 두 장의 펠트를 맞대고 한 번에 바늘을 통과시켜주세요. 뒤에서 앞으로 바늘을 통과한 뒤에는 남은 실을 바늘 위로 걸어줍니다.

솜을 넣을 공간을 남겨둔 채 잠시 스티치를 멈추세요. 방울 솜을 채워 넣은 뒤, 나머지 부분도 버튼홀 스티치로 두 장의 펠트를 완전히 이어 붙여 줍니다. 이때 중간 부분에 끈을 넣어 고리를 만들어도 좋아요.

크리스마스 분위기가 나는 소품과 함께 배치하면 더욱 색다른 느낌을 줄 수 있어요.

너무 성급하지 않게, 너무 빨리 포기하지도 말고.

그저 천천히 한 땀 한 땀

어느새 피어난 액자 속 꽃다발과 함께 행복한 아침을 맞이합니다.

고요한 티타임에 사각사각 바느질 소리만 들려오는, 그런 어느 아침.

꽃다발 액자
FRAMED BOUQUET

---------- 준비물 ----------

도안 사이즈 75 X 90mm   **작품 사이즈** 150 X 150mm   **수틀** 15cm   **원단** 광목

사용한 스티치 플라이 스티치, 블랭킷링 스티치, 블리온링 스티치, 레이즈드립 스티치, 새틴 스티치, 휘프러닝 스티치, 코럴 스티치, 페탈 스티치, 스미르나 스티치, 캐스트온 스티치, 스파이더웹로즈 스티치, 프렌치넛 스티치, 아웃라인 스티치, 레이지 데이지 스티치

자수실 (DMC 25번 사)   3778, 407, 3770, 437, 919, 932, 504, 928, 3042, 3022, 936, 3782, 729, 734, 169, Blanc   **바늘** 3~9호

기타 재료   먹지, 수성펜, 도안용 도트펜, 15cm 수틀 액자, 리본

---------- ----------

아래의 스티치는 해당 페이지를 참조하세요!

프렌치넛 스티치: 24p 참조   아웃라인 스티치: 50p 참조   레이지 데이지 스티치: 23p 참조

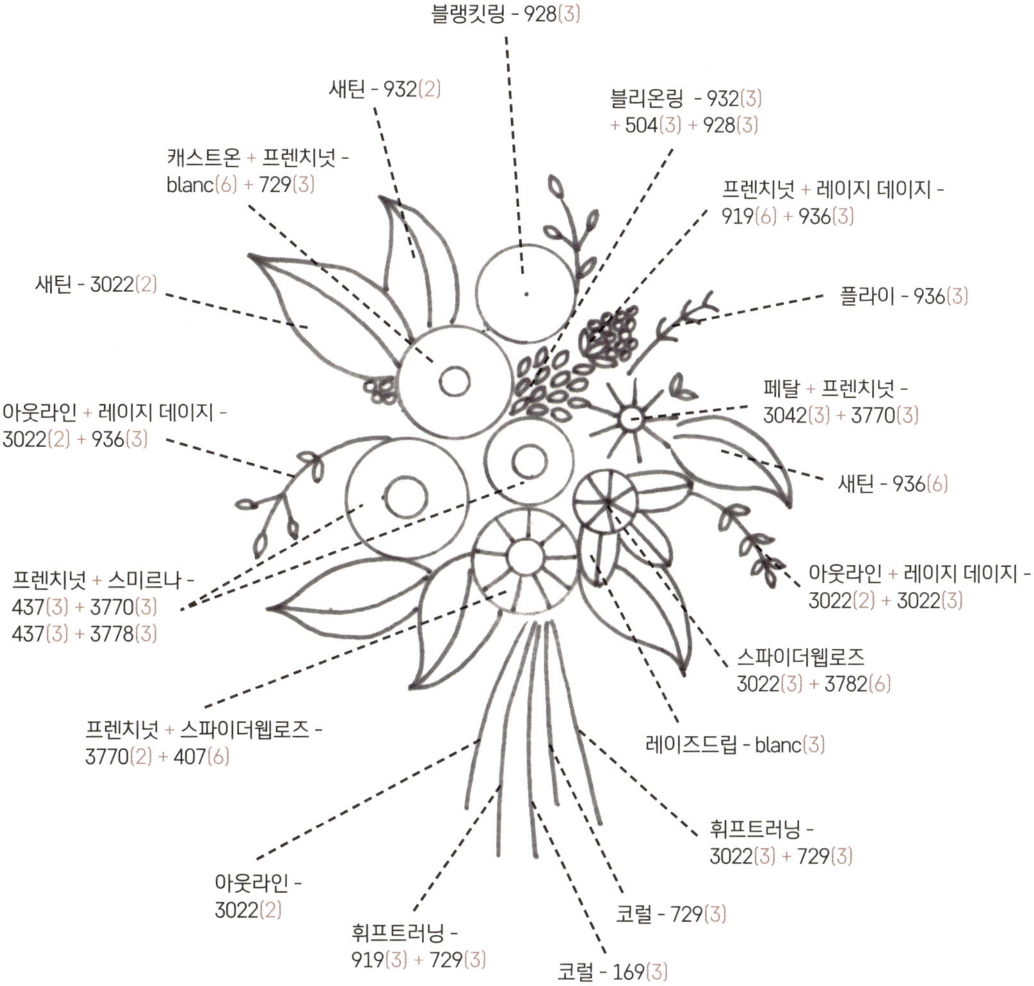

블랭킷링 - 928(3)

새틴 - 932(2)

블리온링 - 932(3) + 504(3) + 928(3)

캐스트온 + 프렌치넛 - blanc(6) + 729(3)

프렌치넛 + 레이지 데이지 - 919(6) + 936(3)

새틴 - 3022(2)

플라이 - 936(3)

페탈 + 프렌치넛 - 3042(3) + 3770(3)

아웃라인 + 레이지 데이지 - 3022(2) + 936(3)

새틴 - 936(6)

아웃라인 + 레이지 데이지 - 3022(3) + 3022(3)

프렌치넛 + 스미르나 - 437(3) + 3770(3) 437(3) + 3778(3)

스파이더웹로즈 3022(3) + 3782(6)

프렌치넛 + 스파이더웹로즈 - 3770(2) + 407(6)

레이즈드립 - blanc(3)

휘프트러닝 - 3022(3) + 729(3)

아웃라인 - 3022(2)

코럴 - 729(3)

휘프트러닝 - 919(3) + 729(3)

코럴 - 169(3)

TIP 하나의 스티치에 두 가지 이상의 색상을 사용한 경우, + 표기 하였습니다.

❶ 블랭킷링 스티치

블랭킷 스티치를 응용한 블랭킷링 스티치로 둥근 원을 만들어볼까요? 블랭킷 링 스티치만으로도 예쁜 꽃 한 송이가 완성됩니다.

실 번호 928(3)　**바늘** 7호

---------- 과정샷 ----------

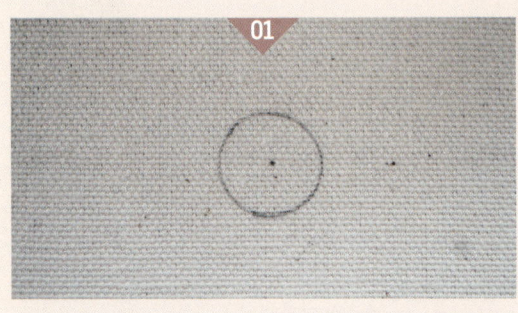
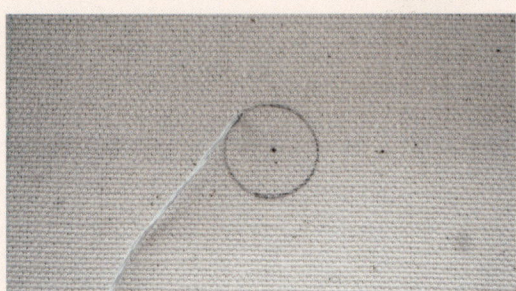

그려진 도안의 바깥라인에서 시작합니다. 뒤에서 앞으로 바늘을 통과해 시작해주세요.

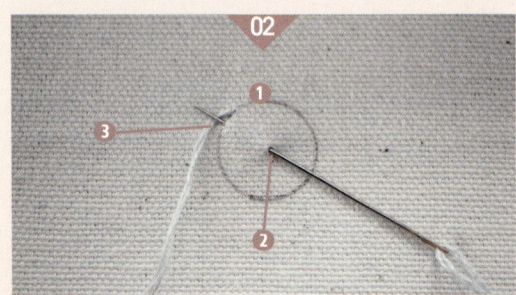
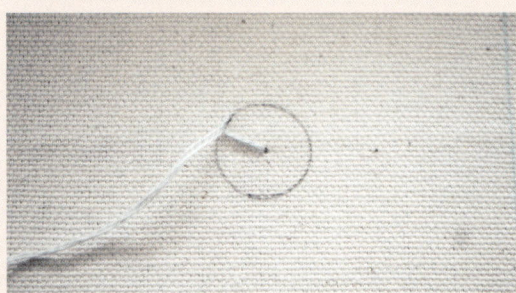

바늘 끝은 중심에서 바깥으로 향하게 하고, 조금씩 아래로 내려가며 땀을 떠주세요. 이때 나머지 실은 꼭 바늘 아래에 위치시켜 실이 바늘에 걸리게 해주세요.

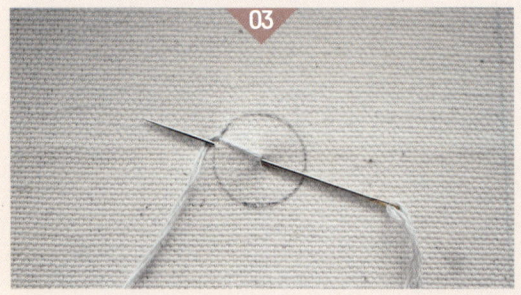
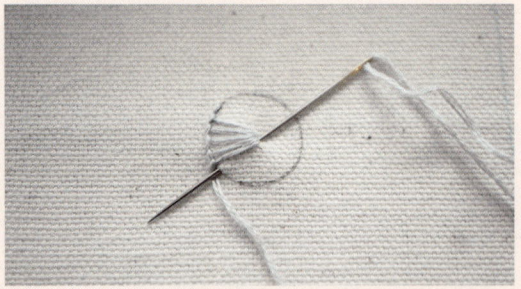

같은 과정을 반복하면서 계속해서 중심에서 바깥쪽으로 땀을 떠줍니다. 원 안쪽라인을 예쁘게 채워주세요. 바늘을 빼낸 후에 실은 꼭 바깥쪽으로 당겨주셔야 해요. 실이 중심을 향해 당겨지면 모양이 흐트러질 수 있으니 주의하세요.

바깥쪽에 바늘을 넣어 마무리합니다.

❷ 블리온링 스티치

장미 손거울에서는 블리온링 스티치를 마무리 할 때 꼭짓점을 고정했지만, 여기서는 꼭짓점을 고정하지 않습니다.

실 번호　932(3), 504(3), 928(3)　**바늘**　7호

------- 과정샷 -------

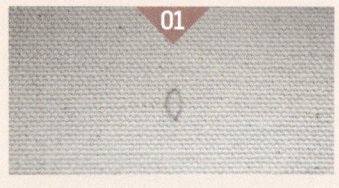
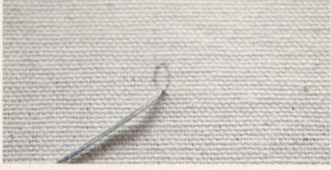

원의 아래점에서 바늘을 통과해 시작합니다.　　시작점과 최대한 가깝게 바늘을 한 번 떠주세요.

바늘을 빼기 전 원단에 붙어있는 실을 바늘에 돌돌 감싸줍니다. 실이 겹치지 않게 위로 차곡차곡 감아올리세요. 약 20번 정도 감은 후, 말린 부분을 엄지와 검지로 잡고 그대로 바늘을 위로 살살 빼내줍니다.

남겨진 실을 끝까지 당겨 동그란 링 모양을 만들어주세요.

링 모양이 만들어지면 바늘을 다시 처음 시작점에 넣어 마무리합니다.

❸ 레이즈드립 스티치

레이즈드립 스티치를 이용하면, 실을 위 아래로 엮어 입체적으로 꽃잎을 만들 수 있어요.

실 번호 Blanc(3) **바늘** 7호

─────────── 과정샷 ───────────

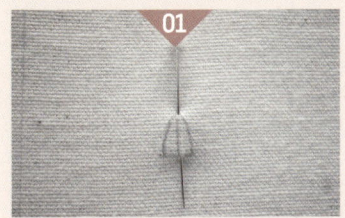

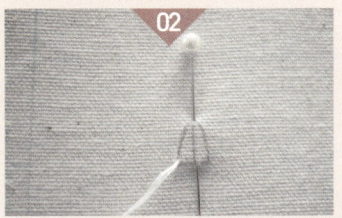

꽃잎의 중심에 시침핀을 꽂아놓고 시작해주세요.

중심의 왼쪽에서 실을 통과해 시침핀에 걸어줍니다.

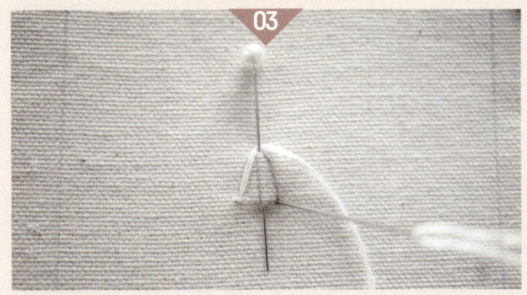

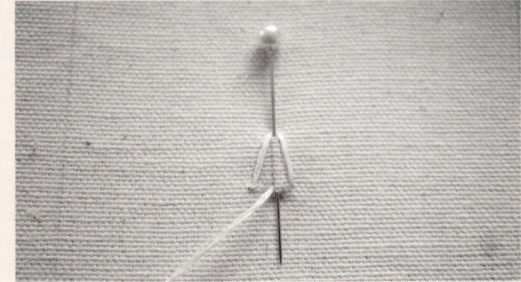

시작점과 대칭되는 반대편에 바늘을 넣어 준 후, 다시 중심에서 바늘을 통과합니다. 가운데로 중심을 잡아주어야 꽃잎이 뒤틀리지 않고 예쁘게 완성됩니다.

중심에서 나온 실을 다시 한 번 시침핀에 걸어주세요. 세 개의 세로 라인이 생기면 라인을 하나씩 건너 뛰어가며 바늘을 움직여 실을 엮어줍니다.

처음 엮은 실이 꼭짓점이 됩니다. 위로 당겨 빈틈이 없게 해주세요.

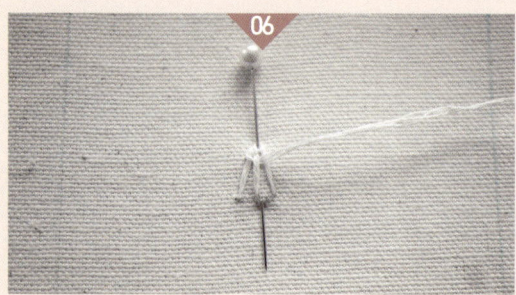
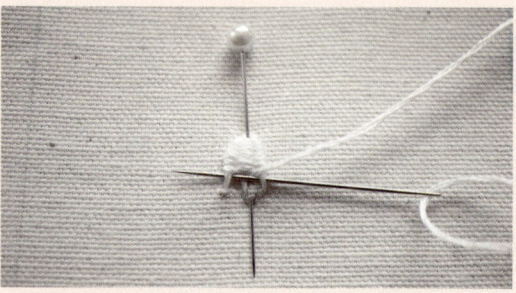

차곡차곡 왼쪽 오른쪽을 번갈아가며 실을 엮어주세요. 이때 실을 당기면 꽃잎의 모양이 무너질 수 있으니 당기지 않고 엮어갑니다. (뾰족하게 만들기 위한 첫 꼭짓점에서만 실을 당기고, 그 이후에는 당기지 않습니다.)

바늘이 더 이상 들어가지 않을 때까지 왼쪽과 오른쪽을 번갈아 채워가며 라인을 쌓아갑니다. 꽉 채울수록 잎이 더욱 단단해져요.

끝나는 쪽의 귀퉁이에 바늘을 넣어 마무리해주세요

❹ 새틴 스티치

새틴 스티치는 스트레이트로 면을 채워나가는 스티치예요. 여기에서는 넓은 잎을 새틴 스티치로 메꿔볼게요. 가닥 수를 늘릴수록 좀 더 입체적이고 거친 느낌의 잎사귀를 표현하실 수 있어요.

실 번호 3022, 932, 936 3782 (가닥 수는 도안을 참고 하세요.) **바늘** 3호, 7호

------- 과정샷 -------

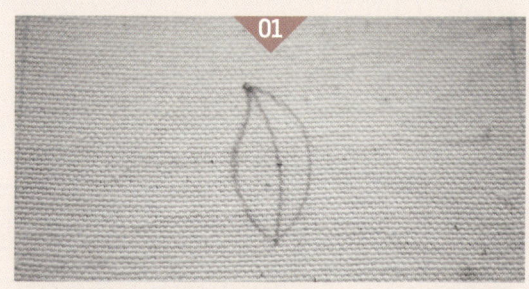
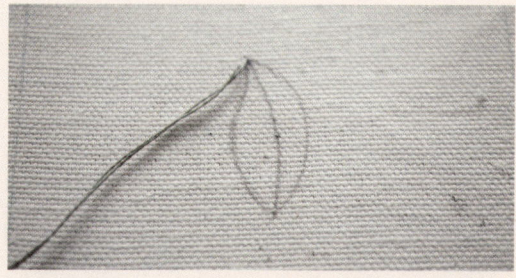

잎의 꼭짓점에서 땀을 시작합니다.

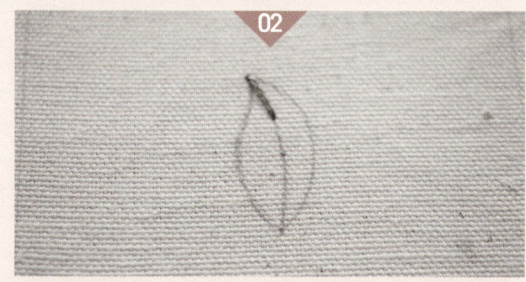

중심을 기준으로 양쪽으로 미리 선을 만들어주세요. 이렇게 전체적인 방향을 먼저 잡아두면 수를 놓기 수월해집니다.

바깥쪽에서 중심을 향해 대각선의 스트레이트로 면을 채워나갑니다. 한쪽 면을 채운 후 나머지 면을 마저 채워주세요. 실이 꼬이지 않도록 가지런히 정리해주면서 평평하게 수를 놓습니다.

> **TIP** 실의 꼬임이 적을 수록 면이 매끈하게 표현됩니다.

❺ 휘프트러닝 스티치

두 가지 색 실을 이용해서 꽃다발 아랫부분의 줄기를 표현합니다.

실 번호 919(3), 729(3), 3022(3)　**바늘** 7호

―――――――――――――――― 과정샷 ――――――――――――――――

만들고자 하는 라인의 시작점에서 바늘을 통과합니다.

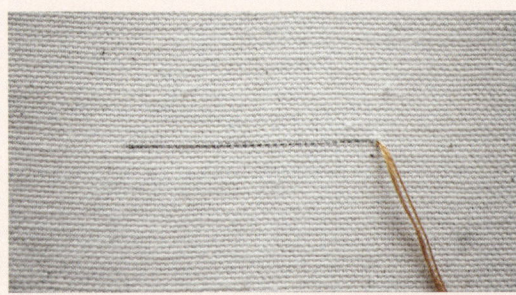

바늘땀은 3~5mm 정도로 작게, 위아래를 반복해가면서 라인 끝까지 러닝 스티치를 해주세요. 이때 땀의 크기는 일정하게 유지합니다.

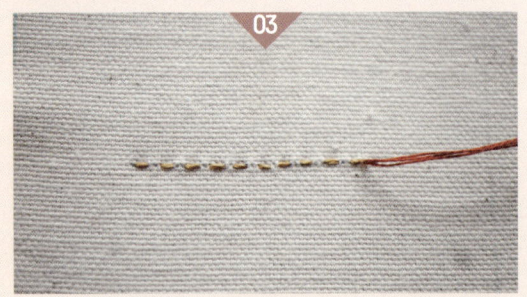

다른색의 자수실이 끼워진 바늘을 시작점과 같은 곳에서 통과해주세요.

통과한 바늘을 러닝스티치 된 부분의 아래에서 위로 끼워 넣습니다.

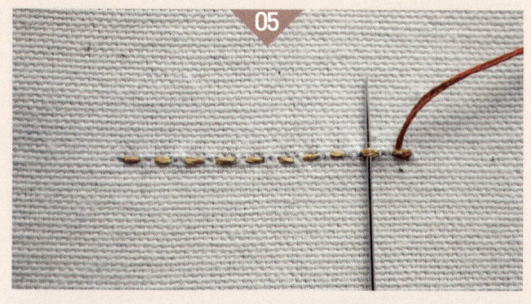

바늘을 러닝스티치 된 실 사이로 순서대로 계속해서 끼워 넣어 주세요. 바늘을 끼울 때는 아래에서 위, 또는 위에서 아래 중 한 방향을 정하고, 라인이 끝날 때까지 같은 방향을 유지해야 합니다.

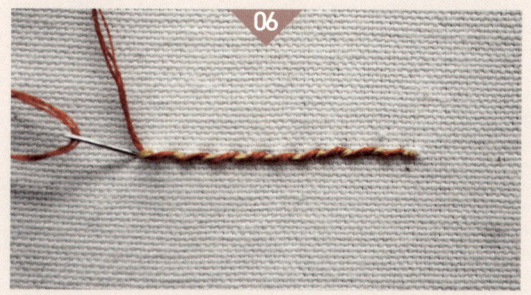

러닝스티치 점과 같은 끝점에 바늘을 넣어 마무리합니다.

> **TIP** 휘프트러닝 스티치를 수놓을 때는 땀을 최대한 작게 만들어야 귀여운 모양이 만들어집니다.

❻ 코럴 스티치

코럴 스티치로 자수실을 바늘에 감싸가며 라인을 만들어보세요.

실 번호　729(3), 169(3)　**바늘**　7호

―――――――――――――――――― 과정샷 ――――――――――――――――――

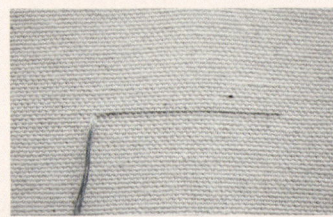

만들고자 하는 라인의 시작점에서 바늘을 통과합니다.

도안의 라인을 중심으로 두고 바늘을 아래에서 위로 떠줍니다. 이때 땀 크기는 약 2~3mm 정도로 해주세요.

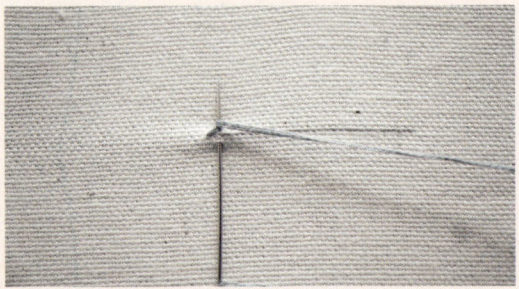

남은 실을 바늘의 앞에서 뒤로 돌려 한 번 감싸준 후, 바늘을 위로 빼주세요.

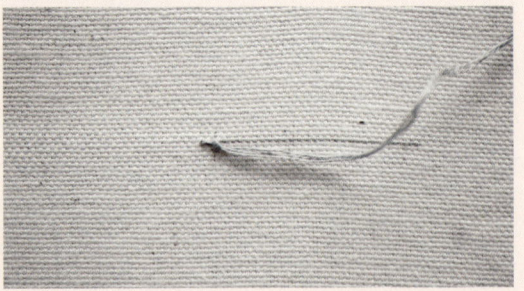

완성된 매듭이 중심에 오도록 매만져준 후에 다음 땀을 이어나갑니다.

 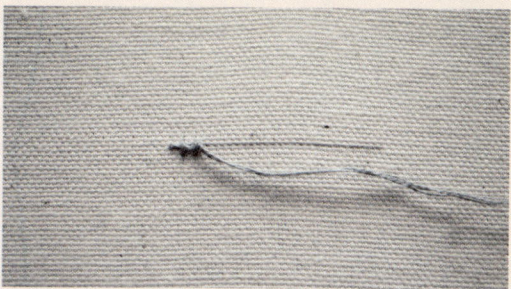

원하는 만큼 간격을 두고 같은 방법으로 코럴 스티치를 만들어주세요.

 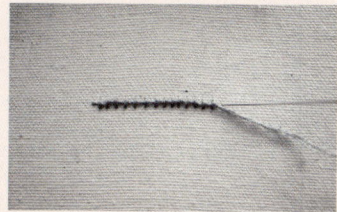 

바늘 끝을 뒤로 넣어 마무리합니다.

❼ 페탈 스티치

페탈은 꽃잎이라는 뜻입니다. 도톰한 꽃잎들을 모아 하나의 꽃을 만들어 보세요.

실 번호 3042(3)　**바늘** 7호

―――――――――――――― 과정샷 ――――――――――――――

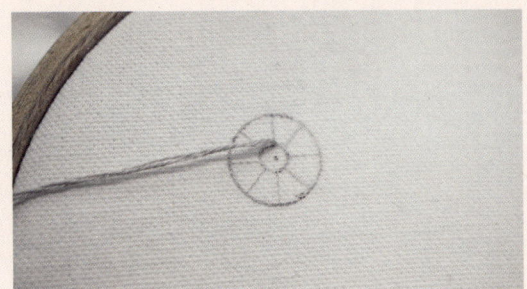

만들어질 꽃잎의 아래부분에서 땀을 시작해주세요.

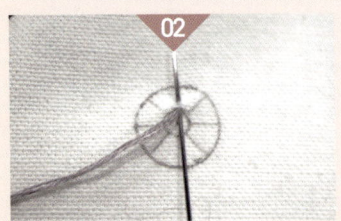
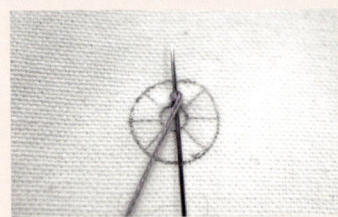

바늘 끝을 실이 나온 같은 구멍에 넣은 후 2mm 정도 떠줍니다. 원단에 붙어있는 남은 실을 바늘 위쪽으로 돌려 감아준 후 그대로 바늘을 빼냅니다. (레이지 데이지 스티치와 기법이 거의 동일해요. 바늘귀가 들어갈 정도의 아주 작은 고리를 만든다고 생각하고 진행하세요.)

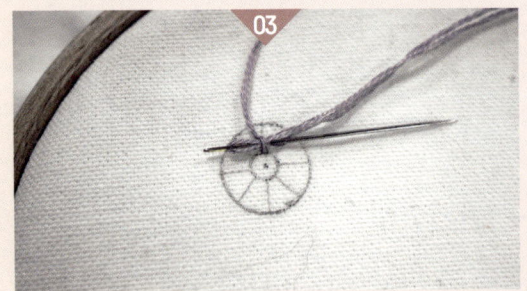

만들어진 둥근 고리 사이에 오른쪽에서 왼쪽으로 바늘귀를 넣어 통과시킵니다. 끝까지 당기지 말고 꽃잎 크기 만큼 작은 원을 만들어줍니다.

 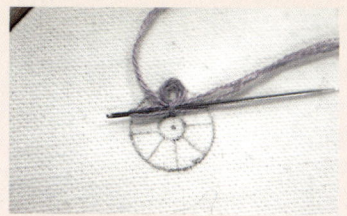 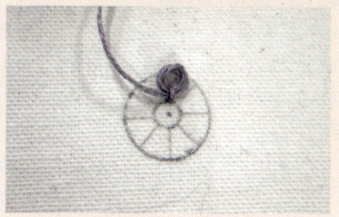

3번에 넣었던 같은 고리 사이에 바늘귀를 다시 통과시켜 같은 크기의 원을 겹쳐 만듭니다.(세 번 반복하여 같은 크기의 원을 세 개 만들어 겹쳐둡니다.)

겹쳐진 세 개의 원 사이에 다시 바늘귀를 넣은 후, 원단에 붙어있는 남은 실을 바늘 앞에서 뒤쪽으로 한 번 감싸 그대로 위로 빼줍니다. 이때 만들어지는 매듭이 원의 꼭대기 중앙 쪽에 오도록 위치를 잘 맞춰 주세요.

 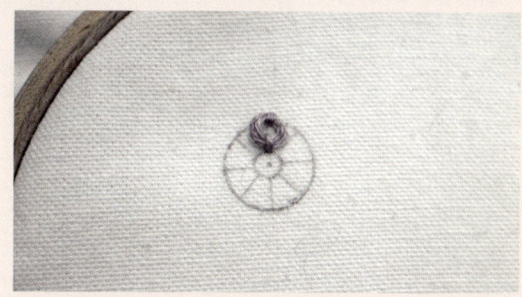

원단에 고정시키기 위해 꽃잎의 제일 위쪽, 도안의 바깥 원 라인에 맞추어 바늘을 넣고 마무리합니다.

> **TIP** 페탈 스티치에서 가장 중요한 것은 3~4번 과정이에요. 겹쳐지는 원의 크기들을 일정하게 만들어 가지런히 정리한 후 위쪽에서 매듭을 지어야 예쁜 꽃이 완성됩니다.

같은 방법으로 일정한 크기의 꽃잎들을 모아 하나의 꽃을 완성합니다.

⑧ 스미르나 스티치

실을 느슨하게 겹쳐가며 겹겹이 풍성한 꽃을 만들어보세요.

실 번호 3778(3), 3770(3)　**바늘** 7호

―――――――――――― 과정샷 ――――――――――――

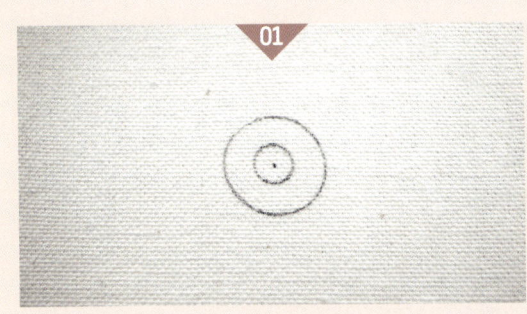
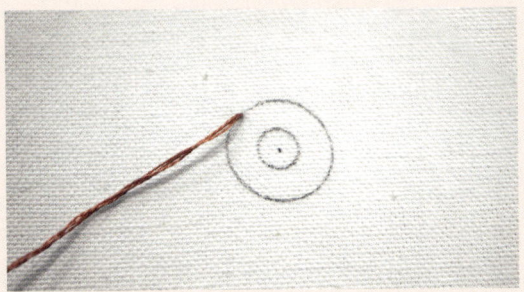

도안의 바깥 원 뒤쪽에서 앞으로 바늘을 통과시켜 시작합니다.

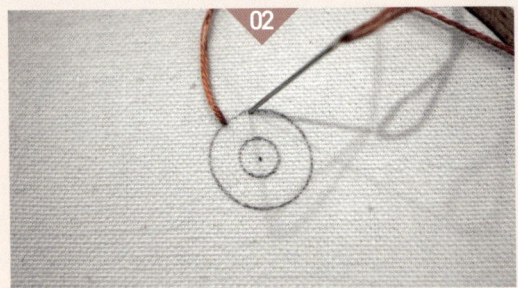
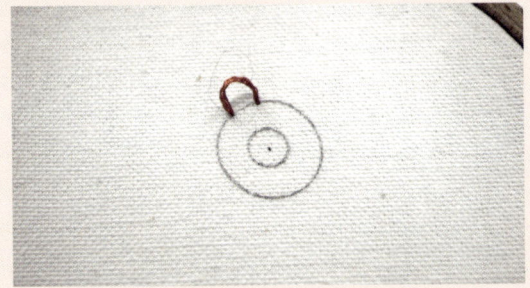

7mm 정도의 간격을 두고 바늘을 뒤쪽으로 통과시킵니다. 이때 실은 끝까지 당기지 않고 만들고 싶은 꽃잎 하나의 높이만큼(6~7mm) 느슨하게 남겨주세요.

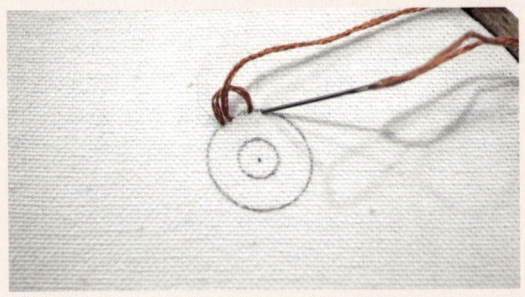

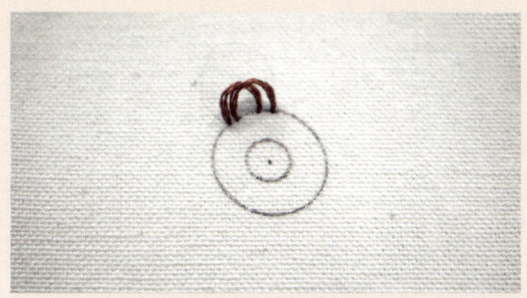 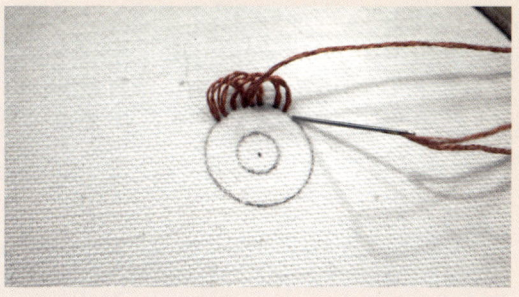

1~2mm 정도 조금씩 옆으로 옮겨가면서 같은 크기와 높이의 꽃잎들을 겹겹이 만들어줍니다. 간격이 촘촘할수록 풍성한 꽃잎이 만들어집니다.

바깥라인을 시작으로 조금씩 소용돌이치듯 안으로 꽃잎을 겹겹이 쌓아주세요. 꽃잎의 크기가 조금씩 달라도 괜찮아요. 오히려 더 자연스럽고 풍성한 모양이 된답니다.

❾ 캐스트온 스티치

캐스트온 스티치를 이용하면 입체적인 꽃자수를 놓을 수 있어요. 6가닥의 실을 사용해서 도톰하고 풍성한 꽃을 만들어볼까요?

실 번호 Blanc(6) **바늘** 3호

― 과정샷 ―

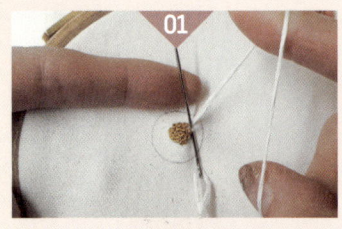 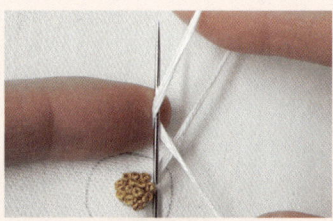 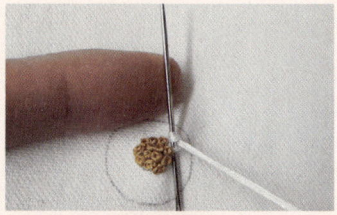

시작한 점과 가장 가까운 곳을 살짝 떠서 캐스트온 매듭을 시작합니다. 손의 위치는 사진과 같이 두세요. 실을 잡아 바늘에 엮은 후 매듭을 이어갑니다.

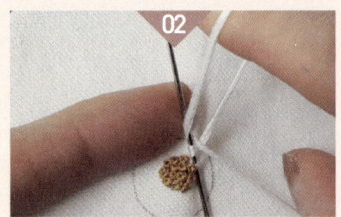  

차곡차곡 순서대로 원하는 길이가 될 때까지 같은 매듭을 쌓아갑니다. 처음에는 10번 정도, 이후에는 점차 매듭의 수를 늘려가며 겉으로 갈수록 길게 만들어주면 자연스러운 꽃잎 모양이 됩니다.

가운데 수놓아진 프렌치넛을 감싸면서 적당한 위치에 바늘을 넣어 마무리합니다.

> **TIP** 중앙 부분은 먼저 프렌치넛으로 채워준 후, 캐스트온을 시작합니다.

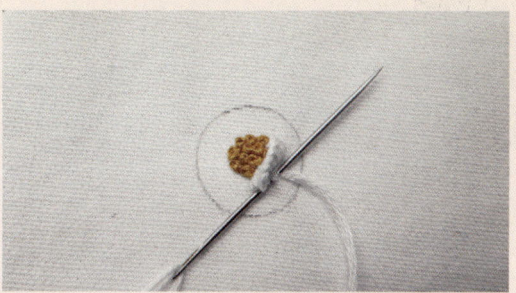

만들어진 꽃잎의 1/3 지점에서 다시 바늘을 통과시켜 같은 방법으로 매듭라인을 만들고 꽃잎을 겹겹이 이어나갑니다.

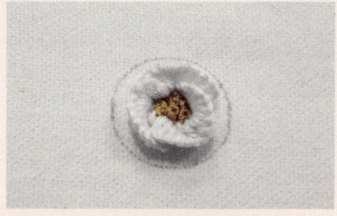

겉으로 갈수록 매듭의 숫자를 늘려 길게 만들어주면 풍성한 꽃잎이 됩니다.

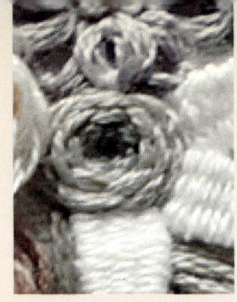

⑩ 스파이더웹로즈 스티치

실을 느슨하게 겹쳐가며 겹겹이 풍성한 꽃을 만들어보세요.

실 번호 3022(3), 3782(6)   **바늘** 3호, 7호

─────────────── 과정샷 ───────────────

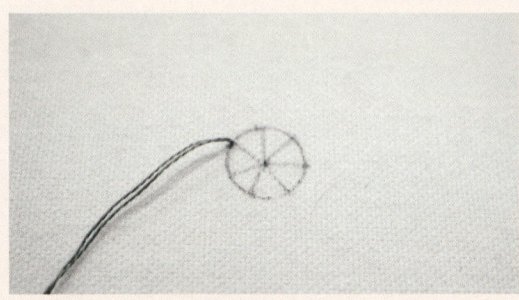

원 안에 홀수로 나누어진 기둥을 먼저 수놓습니다. 바깥 원의 한 점에서 스티치를 시작해주세요.

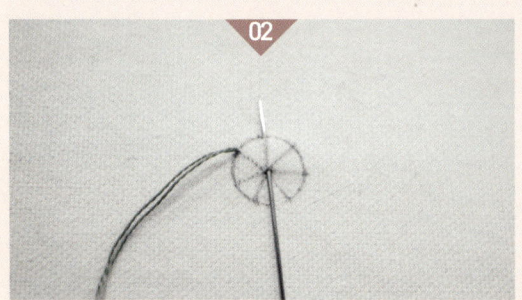
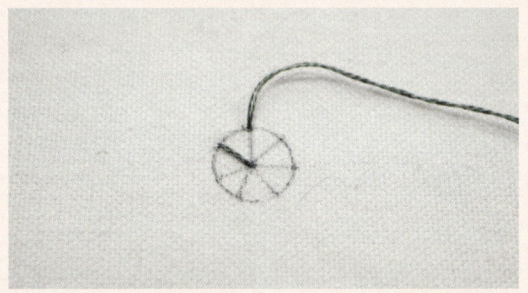

바깥 원에서 시작해 바늘 끝은 중앙에서 다시 옆 칸의 바깥 원까지 떠줍니다. 중심점을 정확히 맞추어 원 안의 라인들이 일정한 길이로 나와야 균형 잡힌 꽃이 됩니다.

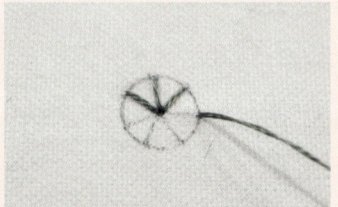

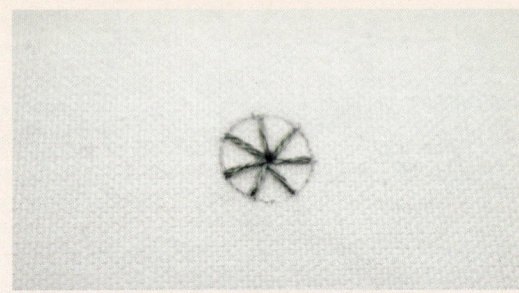

다시 중심에서 옆 칸으로 순차적으로 바늘땀을 떠주세요. 원 안의 홀수 기둥 라인을 모두 만들어줍니다.

같은 색의 실3022(3)로 중앙점과 가장 가까운 곳에 바늘을 통과시킵니다.

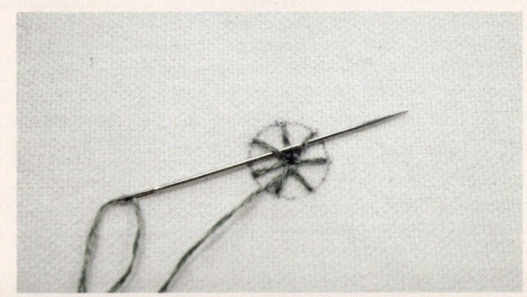

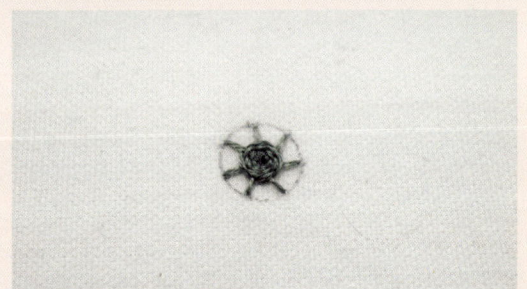

홀수 기둥에 위 아래로 바늘을 교차로 넣어가며 면을 채워주세요. 원의 반 정도를 채운 후, 나머지 부분은 실색과 실가닥 수를 바꾸어 진행해봅시다

원의 나머지 반은 6가닥(3호 바늘을 사용하세요)으로, 위와 같은 방법으로 엮어 볼륨 있는 꽃을 표현해보세요.
실을 너무 당기지 말고 기둥에 닿는 느낌으로 느슨하게 엮어주면서 최대한 여러 번 엮어 바늘땀을 넣어주세요.
풍성한 꽃을 만들 수 있어요.

> TIP 실을 최대한 여러 번 엮을수록 실이 위로 돌출 되면서 풍성한 꽃을 표현할 수 있습니다.

귀여운 꽃사슴 가족이 마실을 나왔어요.

새하얀 에코백 위에,
사랑스런 파우치 위에, 작은 손수건 위에도.

같은 수를 놓아도 조금씩 달라지는 꽃사슴의 매력에 흠뻑 빠져 작업해보세요.

꽃사슴 에코백
DEER ECO BAG

준비물

도안 사이즈　75 X 38mm　　**작품 사이즈**　에코백 사이즈(끈길이 제외): 350 X 400mm　　손수건 사이즈: 280 X 280mm

수틀　10cm　　**원단**　에코백 반제품, 손수건 반제품

사용한 스티치　롱앤숏 스티치, 레이지 데이지 스티치, 백스티치, 스트레이트 스티치

자수실(DMC 25번 사)　936, 3778, 680, 780, 801, 310, ecru　　**바늘**　7호

기타 재료　먹지, 수성펜, 도안용 도트펜

아래의 스티치는 해당 페이지를 참조하세요!

레이지 데이지 스티치: **23p 참조**

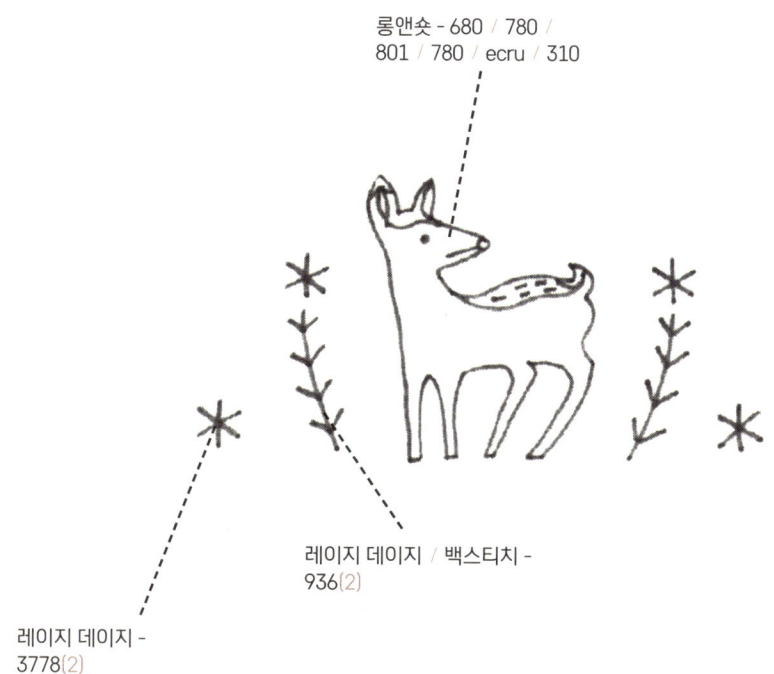

롱앤숏 - 680 / 780 / 801 / 780 / ecru / 310

레이지 데이지 / 백스티치 - 936(2)

레이지 데이지 - 3778(2)

❶ 스트레이트 스티치 & 롱앤숏 스티치

길고 짧은 선들로 면을 채워가는 롱앤숏스티치를 활용하여 사랑스러운 꽃사슴을 수놓아 봅니다.

실 번호   680(2), 780(2), 801(2), 310(2), ecru(2)   **바늘**   7호

―――――――――――――――― 과정샷 ――――――――――――――――

코에서 얼굴 쪽으로 퍼져나가는 기준선들을 스트레이트 스티치로 먼저 잡아준 후에 시작합니다. 스트레이트 스티치는 짧은 직선을 수놓는 기법으로 스티치의 가장 기본이라 할 수 있어요. 스트레이트 스티치를 짧거나 길게 활용하면 롱앤숏 스티치가 됩니다. 롱앤숏 스티치에서 주의해야할 것은 전체적인 방향(결)입니다. 큰 방향을 잡아주면 조금 더 수월하게 롱앤숏 스티치를 놓을 수 있어요.

롱앤숏 스티치를 이어갈 때 라인과 라인 사이로 바늘을 통과시키면 부드럽게 면을 채워갈 수 있어요. 전체적인 방향을 유지하면서 한땀은 길게 한땀은 짧게 선들을 만들어갑니다. 이때 꼭 순서대로 길고 짧게 만들지 않아도 되고, 불규칙한 선들이 만들어지면 됩니다.

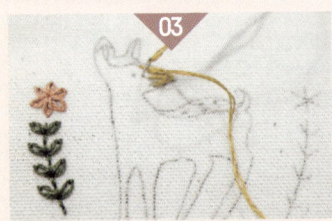

입 쪽에서 얼굴, 귀를 향해 길고 짧은 선들을 계속 이어갑니다. 얼굴에서 귀로, 목에서 다리 등 결이 달라지는 선들 사이에는 비스듬한 대각선을 넣어 자연스럽게 이어지도록 합니다.

얼굴에서 목, 모통과 다리로 계속 면을 채워주세요. 사슴의 눈, 코, 입은 면을 다 채운 후 나중에 검은색 자수실(310)로 수놓아주면 됩니다. 등과 귀 쪽은 자수실 색을 바꾸어 가며 롱앤숏 스티치로 놓아주세요.

사슴 눈, 코, 입, 등의 점무늬 포인트 주기

면들을 다 채운 후 ecru 자수실로 등쪽의 점무늬를 표현합니다. 스트레이트 스티치로 작게 땀을 만들어 줍니다.

같은 방법으로 눈, 코, 입을 수놓아주면 사랑스런 꽃사슴이 완성됩니다.

❷ 백 스티치

백 스티치를 이용하여 꽃의 줄기를 표현할 수 있어요.

실 번호 916(2)　**바늘** 7호

―――――――――――――― 과정샷 ――――――――――――――

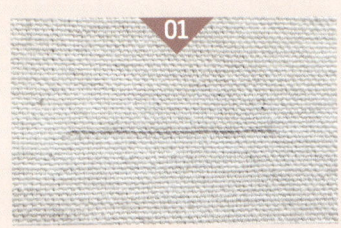
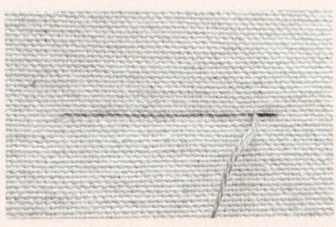

시작점보다 한 땀 앞의 지점에서 바늘을 통과시켜 스티치를 시작합니다.

다시 바늘을 시작점에 넣고 뒤로 간 간격만큼 앞으로 전진 하며 선을 만들어 줍니다. 박음질을 생각하시면 쉬워요.

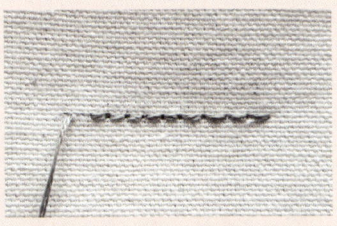
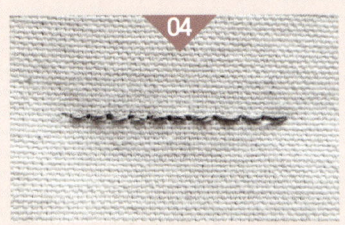

계속 같은 방법으로 바늘을 뒤로 꽂아 다시 앞으로 뜨면서 선을 연결해갑니다.

완성된 백스티치 땀의 간격은 3~5mm 간격일 때 가장 보기 좋습니다.

후아유의 꽃자수 소품　87

바쁜 일상 속에 아주 잠깐, 우아하게 티타임을 즐겨요.
머릿속을 비우고 코끝엔 향기로움을, 눈에는 달콤함을 채웁니다.

내가 직접 수놓은 프랑스자수 테이블웨어와 함께라면
차 마시는 시간이 더욱 즐거워요.

테이블 웨어
TABLE WARE

―――――――――――――――――――――― 준비물 ――――――――――――――――――――――

도안 사이즈　73 X 50mm　　**작품 사이즈**(레이스 냅킨)　300 X 400mm　　**수틀**　10cm　　**원단**　린넨

사용한 스티치　블랭킷링 스티치, 프렌치넛 스티치, 아웃라인 스티치, 레이지 데이지 스티치, 스트레이트 스티치

자수실(DMC 25번 사)　3782, 936, 3849, 928, 783　　**바늘**　7호

기타 재료　먹지, 수성펜, 도안용 도트펜

＋

아래의 스티치는 해당 페이지를 참조하세요!

프렌치넛 스티치: 24p 참조　　아웃라인 스티치: 50p 참조　　레이지 데이지 스티치: 23p 참조　　스트레이트 스티치: 84p 참조

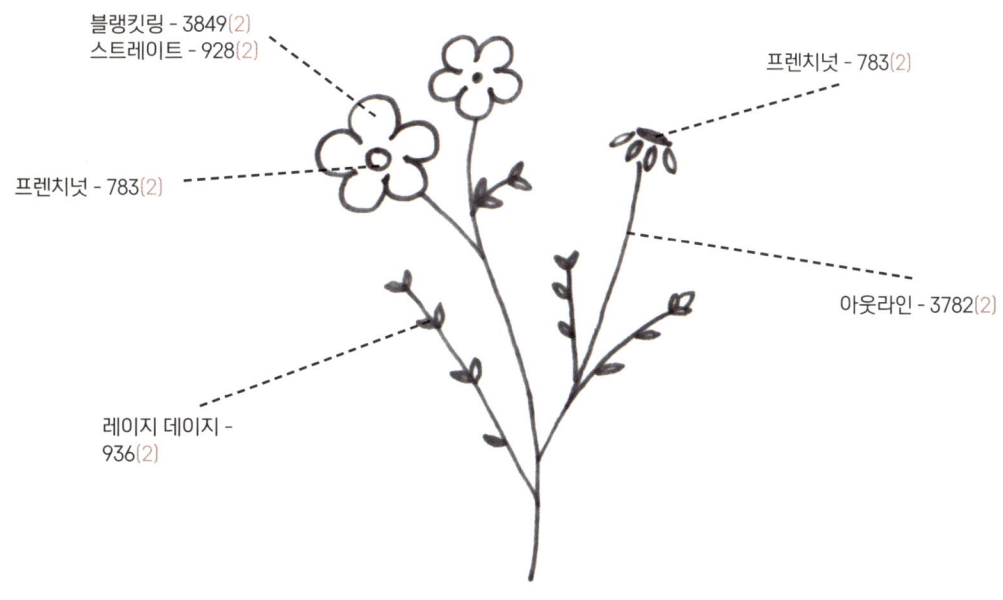

블랭킷링 - 3849(2)
스트레이트 - 928(2)

프렌치넛 - 783(2)

프렌치넛 - 783(2)

아웃라인 - 3782(2)

레이지 데이지 - 936(2)

후아유의 꽃자수 소품　91

❶ 블랭킷링 스티치

블랭킷 스티치를 응용해 꽃 모양을 만들어갑니다.

실 번호 3849(2), 928(2) **바늘** 7호

──────────── 과정샷 ────────────

꽃의 굴곡진 라인 가장 안쪽에서 첫 땀을 시작합니다.

바늘 끝은 안쪽 원에서 다시 바깥라인까지 통과시켜 떠줍니다. 남은 실은 바늘 아래쪽에 위치하게 두고, 위로 뽑아주세요.

같은 방식으로 반복하되, 바늘 끝은 조금씩 아래로 내려오면서 면을 채워나갑니다. 당기는 방향은 항상 라인의 바깥쪽으로 유지해야 모양이 흐트러지지 않습니다.

블랭킷링으로 꽃모양을 만들 때 가장 중요한 부분으로, 하나의 꽃잎 마지막은 꼭 제일 안쪽 땀을 잡아주어야 예쁜 꽃이 만들어집니다.

가장 안쪽 땀을 하나의 꽃잎의 마지막이자, 다른 꽃잎의 시작점으로 이어서 같은 방식으로 만들어 나갑니다.

꽃의 안쪽부분은 실 번호 928(2)로, 중심에서 원하는 길이만큼 스트레이트로 수놓아갑니다.

준비물

도안 사이즈 73 X 50mm　**작품 사이즈**(손수건)　300 X 300mm　**수틀** 10cm　**원단** 린넨

사용한 스티치 더블 레이지 데이지 스티치, 레이지 데이지 스티치, 페더 스티치, 프렌치넛 스티치, 블랭킷링 스티치, 스트레이트 스티치, 아웃라인 스티치, 새틴 스티치

자수실(DMC 25번 사)　936, 728, 3022, 932, 3778, 353, 921, 3849, 928　**바늘** 7호

기타 재료　먹지, 수성펜, 도안용 도트펜

+

아래의 스티치는 해당 페이지를 참조하세요!

페더 스티치: 30p 참조　　프렌치넛 스티치: 24p 참조　　블랭킷링 스티치: 60p 참조　　스트레이트 스티치: 84p 참조
아웃라인 스티치: 50p 참조　　새틴 스티치: 65p 참조　　레이지 데이지 스티치: 23p 참조

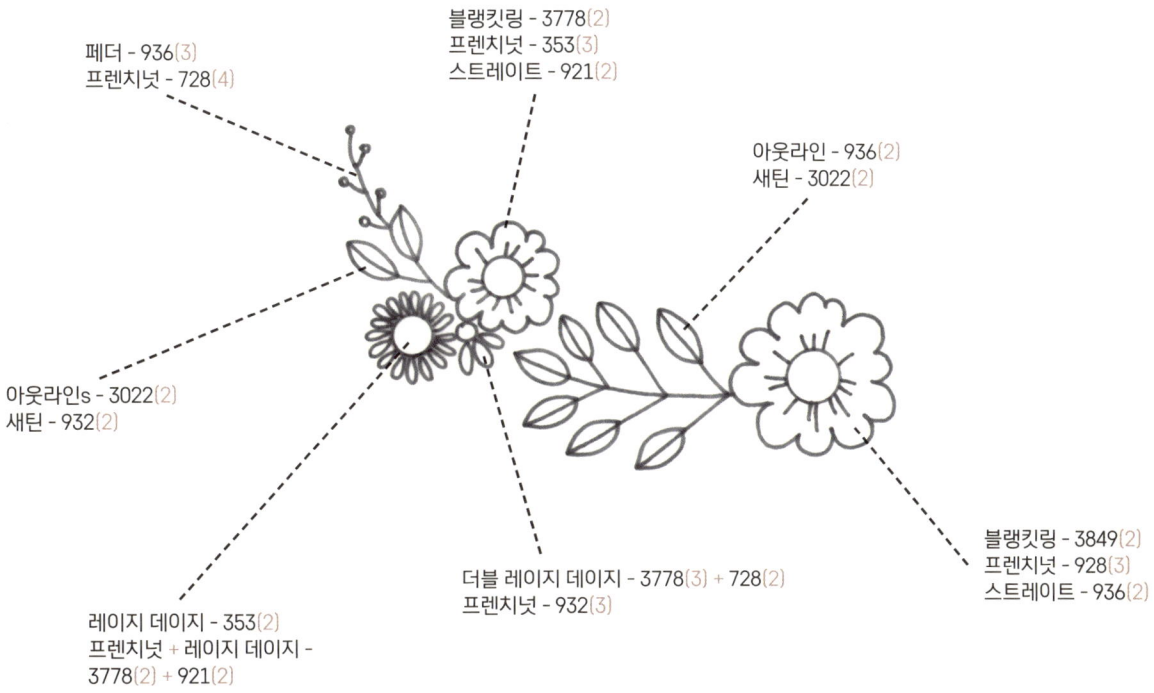

TIP 하나의 스티치에 두 가지 이상의 색상을 사용한 경우, + 표기 하였습니다.

후아유의 꽃자수 소품

똑같은 재료라도 다른 레시피로 나만의 요리를 만드는 즐거움처럼,

동글동글 같은 듯 다른 듯
사랑스러운 핀 쿠션을 만들어보아요.

핀 쿠션
PIN CUSHION

―――――――――― 준비물 ――――――――――

도안 사이즈　60 X 80mm　　**작품 사이즈**　80 X 80mm　　**수틀**　10cm　　**원단**　광목 2장(한 장에 레이스를 덧댔습니다.)

사용한 스티치　스파이더웹로즈 스티치, 페더 스티치, 레이지 데이지 스티치, 아웃라인 스티치

자수실(DMC 25번 사)　3778, 224, 225, 169, 928, 519　　**바늘**　3~9호

기타 재료　먹지, 수성펜, 도안용 도트펜

아래의 스티치는 해당 페이지를 참조하세요!

아웃라인 스티치: **50p** 참조　　레이지 데이지 스티치: **23p** 참조

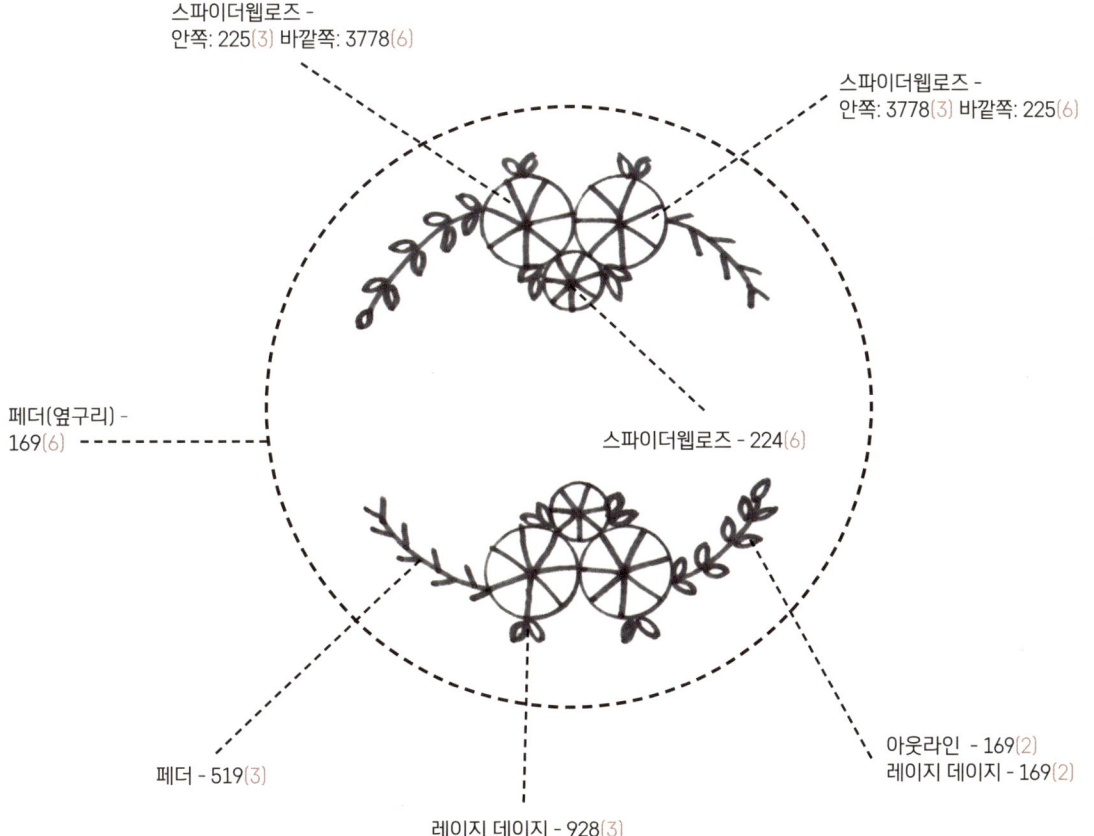

스파이더웹로즈 -
안쪽: 225(3) 바깥쪽: 3778(6)

스파이더웹로즈 -
안쪽: 3778(3) 바깥쪽: 225(6)

페더(옆구리) -
169(6)

스파이더웹로즈 - 224(6)

페더 - 519(3)

레이지 데이지 - 928(3)

아웃라인 - 169(2)
레이지 데이지 - 169(2)

후아유의 꽃자수 소품

❶ 스파이더웹로즈 스티치

선으로 기둥을 만들고, 그 사이사이 실을 교차해가며 꽃을 표현해보세요.

실 번호   224, 225, 3778(가닥 수가 바뀌는 부분이 있으니 설명을 참조하세요)   **바늘**   3호, 7호

――――――――――――――――― 과정샷 ―――――――――――――――――

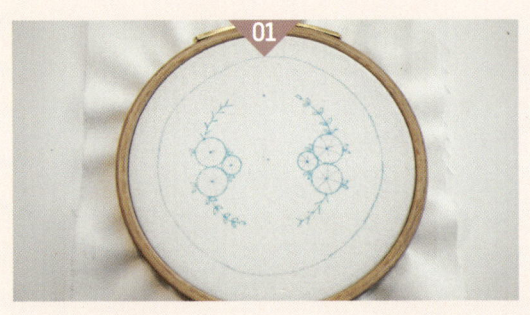

2 가닥으로 원의 바깥 라인에서 첫 땀을 시작합니다.

바늘 끝은 중심에서 다시 바깥 원으로 칸칸이 이동하면서 원 안쪽에 선을 만들어주세요.

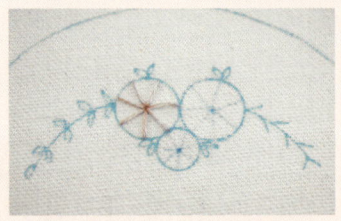
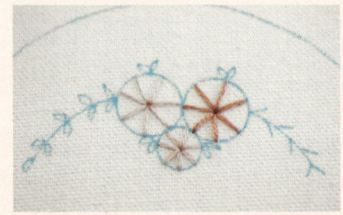

스파이더웹로즈 스티치를 수놓을 때는 원 안쪽 기둥이 될 선들을 반드시 홀수여야 합니다. 핀쿠션의 경우에는 기둥을 7개 만들어주세요. 원 하나에 중심과 바깥쪽에 실색을 바꾸어 엮어가기에, "중심부분"과 같은 색의 자수실로 기둥을 만들어주는 게 좋습니다.

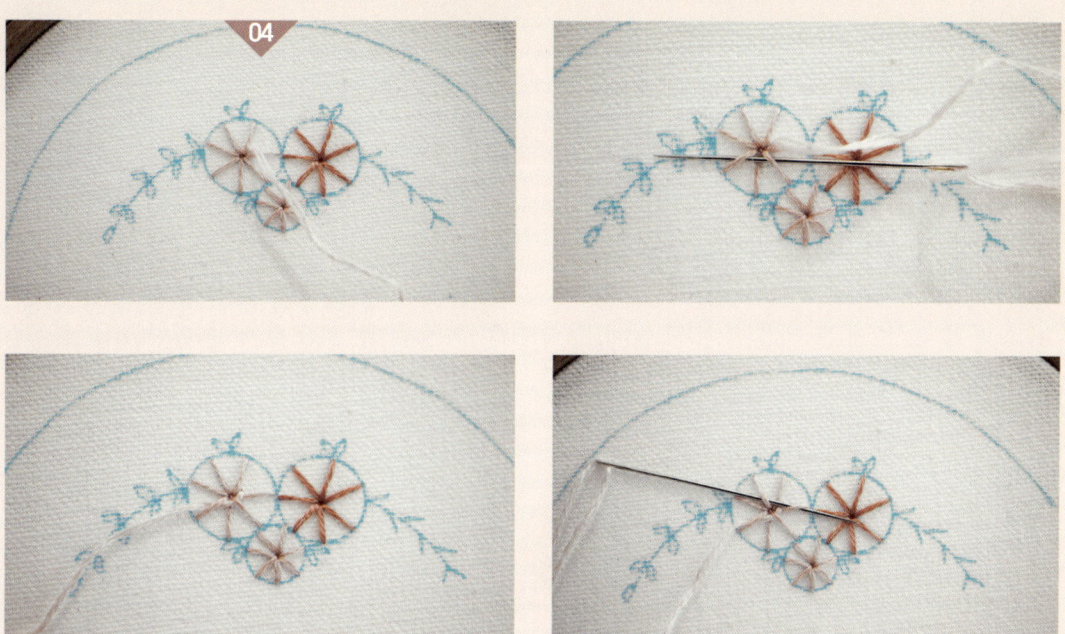

이제 원 안쪽을 채워나갑니다. 중심 근처, 뒤에서 앞으로 바늘을 통과시킨 후 각 선들을 하나씩 건너뛰며 위아래로 바늘을 넣어 엮어주세요.

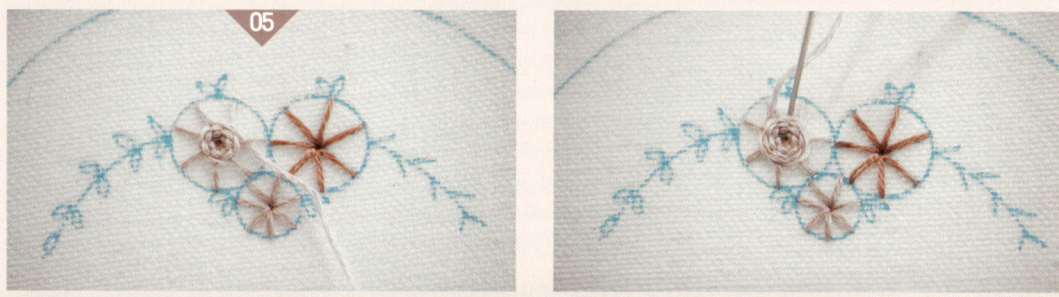

원 안의 반 정도가 채워질 때까지 엮어가고, 마무리할 때는 보이지 않게 끝쪽에 바늘을 넣어줍니다.

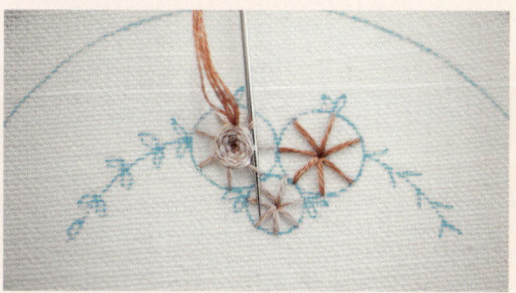

 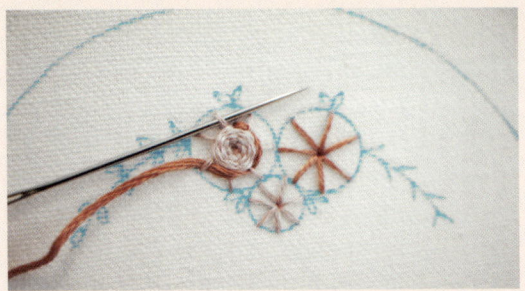

실색을 바꾸어서 진행합니다. 바깥 부분은 6가닥의 실을 사용하기 때문에 바늘은 3호로 바꾸어주세요. 바늘을 위아래로 엮을 때 조금 느슨하게 당겨주면 더 풍성한 꽃이 됩니다.

나머지 세 개의 도안도 마찬가지로 진행해주세요. 마지막 작은 원은 6가닥으로 중심부터 바깥쪽까지 하나의 색으로 엮어줍니다.

❷ 페더 스티치

V자 모양을 모아 가지를 표현하고자 할 때 페더 스티치를 사용해주세요.

실 번호 519(3)　**바늘** 7호

― 과정샷 ―

V의 한쪽 점에서 바늘을 통과한 후, 반대쪽 점에서 V의 꼭짓점까지 바늘을 꽂아줍니다. 바늘을 뽑으면 바늘 아래 위치했던 실이 걸리면서 V의 형태가 만들어집니다.

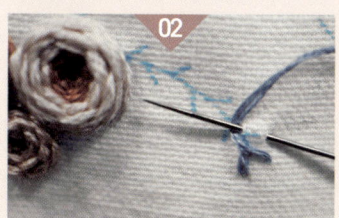

도안 순서 그대로 바늘을 다시 반대쪽 점에 넣어 떠주며 반복해서 V를 만들어나갑니다.

핀 쿠션 만들기

준비물 수놓은 패브릭(앞면), 레이스를 덧댄 패브릭(뒷면), 작은 장식 꽃 2개, 방울 솜, 진주, 태슬

앞뒤면 박음질

작은 꽃 같은 부자재가 있으면 장식을 더해주세요.

앞면이 완성되면 수틀에서 천을 떼어낸 다음, 레이스를 덧댄 다른 천과 뒤집어서 겉과 겉면을 마주대주세요. 창구멍을 4cm 쯤 남기고 박음질 합니다.

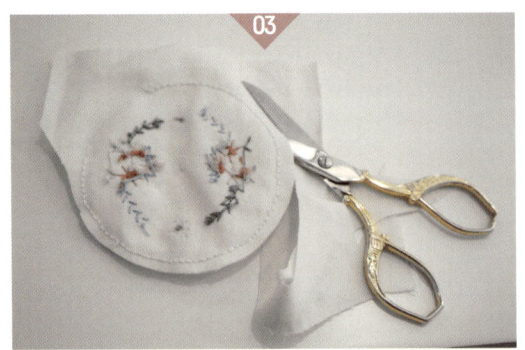

박음질한 부분보다 조금 더 큰 원으로 잘라낸 후 창구멍으로 뒤집어 주세요.

진주 / 태슬 장식 달기

작은 꽃 같은 부자재는 미리 달아놓고, 태슬이나 진주는 원단을 뒤집으면 걸릴 수 있기 때문에 이렇게 뒤집고 난 후에 달아주시는게 편해요.

부자재는 원단과 최대한 같은 색의 실로 달아주세요.

창구멍 사이로 솜을 빵빵하게 채워주세요. 넣을 수 있을 만큼 가득 채워주어야 완성된 핀쿠션이 들뜨지 않고 예쁘게 모양이 잡힙니다.

공그르기로 마무리하기

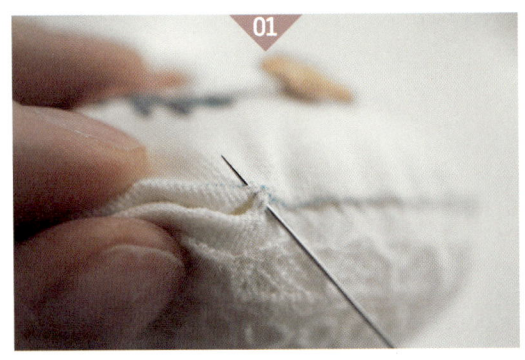

솜을 넣은 후 창구멍은 공그르기로 마무리해줍니다.

배꼽 만들기

실 번호 Blanc(6)　**바늘** 3호

배꼽을 만들 때 한 번에 힘을 주어 잡아당기면 원단이 뚫릴 수 있어요. 앞뒤로 바늘을 서너 번씩 통과시키면서 조금씩 당겨 움푹하게 만들어줍니다.

옆구리 페더 스티치로 마무리하기

실 번호 169(6) **바늘** 3호

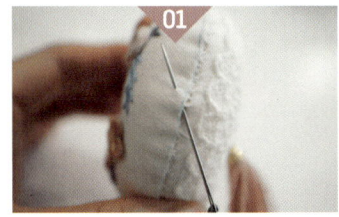  

땀구멍이 조금 넓은 곳에 바늘을 넣어 시작합니다. 실을 끝까지 당겨 매듭을 땀구멍 사이로 쏙 숨겨주세요.

 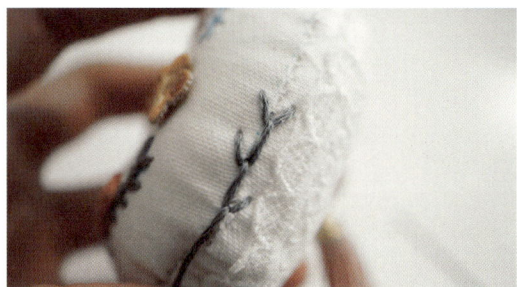

6가닥의 실들로 땀구멍을 가려주며 페더 스티치로 수놓아 마무리합니다.

같은 듯 다른
동백 세 송이

붉고, 푸르고, 흰 꽃 송이가 모여
은은하게 빛을 냅니다.

손 안을 가득 채운 작은 행복

동백꽃 자석
CAMELLIA MAGNETIC BUTTON

―――――――――――――――――― 준비물 ――――――――――――――――――

도안 사이즈　40 X 40mm　　**작품 사이즈**　48 X 48mm　　**수틀**　10cm　　**원단**　광목, 면

사용한 스티치　레이지 데이지 스티치, 아웃라인 스티치, 롱앤숏 스티치, 플라이 스치티, 프렌치넛 스티치, 새틴 스티치

자수실(DMC 25번 사)　흰 동백: blanc, 758, 3770, 646, 936　　붉은 동백: 3328, 3712, 437, 646, 936　　푸른 동백: 932, 928, 728, 936, 646, 3782　　**바늘**　7호

기타 재료　먹지, 수성펜, 도안용 도트펜

아래의 스티치는 해당 페이지를 참조하세요!

아웃라인 스티치: 50p 참조　　레이지 데이지 스티치: 23p 참조　　롱앤숏 스티치: 84p 참조　　플라이 스티치: 22p 참조

프렌치넛 스티치: 24p 참조　　새틴 스티치: 65p 참조

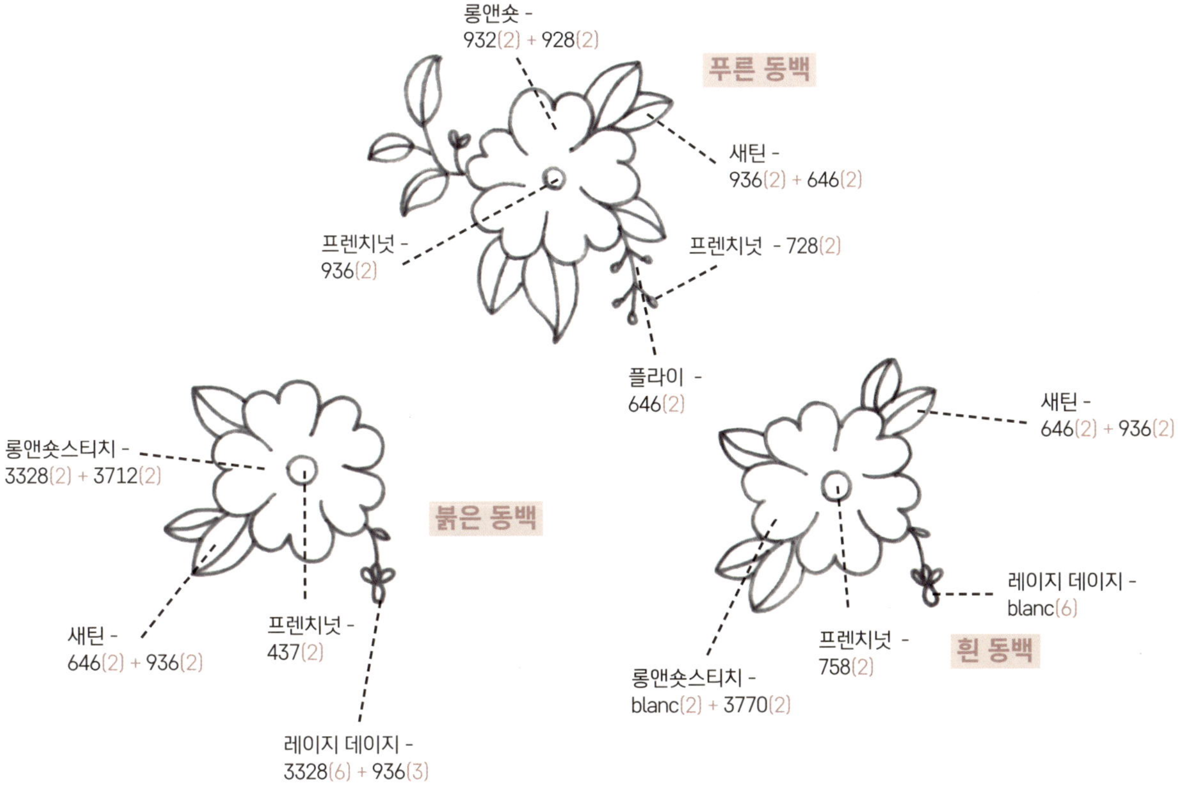

푸른 동백

- 롱앤숏 - 932(2) + 928(2)
- 새틴 - 936(2) + 646(2)
- 프렌치넛 - 936(2)
- 프렌치넛 - 728(2)
- 플라이 - 646(2)

붉은 동백

- 롱앤숏스티치 - 3328(2) + 3712(2)
- 새틴 - 646(2) + 936(2)
- 프렌치넛 - 437(2)
- 레이지 데이지 - 3328(6) + 936(3)

흰 동백

- 새틴 - 646(2) + 936(2)
- 레이지 데이지 - blanc(6)
- 롱앤숏스티치 - blanc(2) + 3770(2)
- 프렌치넛 - 758(2)

TIP 하나의 스티치에 두 가지 이상의 색상을 사용한 경우, + 표기 하였습니다.

마그넷 마무리하기

준비물　수 놓은 패브릭, 자석, 브로치 앞면, 펠트 천, 순간접착제(or 글루건)

과정샷

수놓은 패브릭에 브로치사이즈보다 1센티 정도 크게 홈질을 시작 합니다.

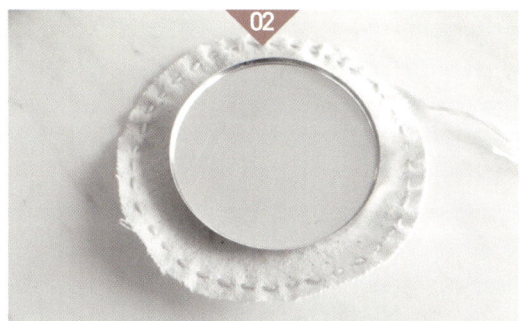
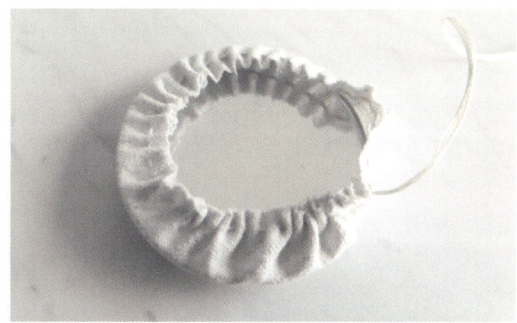

땀의 크기는 너무 크지않게, 5mm정도의 간격으로 홈질을 한 후 그대로 실을 당겨 브로치에 감싸줍니다.

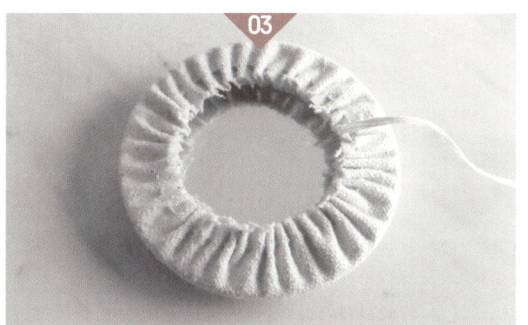

앞면의 수가 놓여진 부분이 중앙에 위치하는지 확인하며, 당긴 실을 묶어 매듭지어줍니다

동그랗게 자른 펠트 천을 브로치 뒷면에 부착하고, 자석을 가운데 붙여 마무리 합니다.

저자협의
인지생략

프랑스 자수 소품집
Vol.1

1판 1쇄 인쇄 2017년 9월 25일   **1판 1쇄 발행** 2017년 9월 30일
1판 3쇄 인쇄 2019년 7월 5일   **1판 3쇄 발행** 2019년 7월 10일

지 은 이 정다운
발 행 인 이미옥
발 행 처 아이생각
정   가 14,000원
등 록 일 2003년 3월 10일
등록번호 220-90-18139
주   소 (03979) 서울 마포구 성미산로 23길 72(연남동)
전화번호 (02)447-3157~8
팩스번호 (02)447-3159

ISBN 978-89-97466-41-2 (13630)
I-17-08
Copyright ⓒ 2019 ithinkbook Publishing Co.,Ltd

i THINK
아이생각

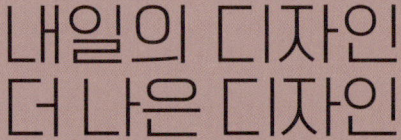